親愛的，

我們還要不要一起走下去？【好評改版】

王慶玲——著

目錄

—作者序—

重新看見「外遇」的意義

你無法看到生命全像
你只是正在拼圖的人
讓兩性關係這一拼塊
和看起來不美的外遇拼塊
成就此生完整的幸福拼圖

隨著這本關於兩性婚姻與外遇的書完成，我特地將作者自序留到今晚。

每當孩子入睡，先生總不忘叮嚀我不要忙得太晚，但他似乎知道今晚對我有很重要的意義。遲遲不進書房又獨坐在客廳的我，對這少有現象卻感到莫名的感動，我知道終究還是要面對「關於自己」的故事了。

突然進入很深的悲傷，我止不住地大哭了起來。

像是電影倒帶一樣，接收了所有來自記憶中那麼多的個案故事，女人的哭泣、男人的眼淚，正在我眼中，一幕幕呈現……

直到，倒帶回十三年前，那一個生命拼塊裡。我看見了她——她曾經在痛苦爭吵裡、進入冷漠枯死的婚姻，又面對外遇、成為第三者、非婚懷孕、生子與離婚，走過欺騙的階段，只為了當時不承認又不願意面對自己外遇的種種問題，便一錯再錯地走入生命的谷底。同時，歷經被迫離開高薪業務工作，經濟因此困窘，債務問題不斷擴大，朋友唾棄遠離，離婚後身心創傷與外遇被貼標籤又不被祝福的情感，走來確實萬分辛苦與孤獨。

當她生下孩子後，因為外遇，讓兩個家庭都散了。

離婚的她與深愛的男人決定面對整個失敗，一起重組新家庭。在二〇〇〇年簡單的公證婚禮上，除了兩位家人見證之外，沒有婚紗、沒有高跟鞋、沒有邀請任何朋友參與、沒有宴客，就這樣，他們一起從租賃的小套房，到一個新地方謀求新工作，開始新的生活。

直到後來，生命帶著他們一步一步走來，同時，她已被完整地療癒與自我寬恕。有一天，醒來之後，發現：她，就是現在的我！

在人類的世界裡，愛，一直是讓人極度渴望卻又矛盾的一種存在狀態。而愛與被愛都是需要用一輩子去學習與了解的課題。只是從古至今的意識發展與現象，有太多的人在愛的領域裡因為受傷而失去對愛的連結了。

二〇〇六年，我曾經打電話給先生的前妻，表達至深的歉意，請求她寬恕我過去帶給她的傷害。我永遠記得那一通電話裡有如天籟般的寬容之聲令我動容。她現在擁有一個更愛她的好男人，擁有共同的堅定信仰，幸福地養育著三個孩子。

以及，我的前夫，他曾經承受最多的傷害，但他選擇放手，成全了我們。今年十月我收到他祝福的回信，他的婚姻幸福美滿，擁有一位年輕又愛他的好女人，讓他在香港工作時可以無後顧之憂地照顧他們的兒子。

十三年後的現在，我與先生過著心靈豐盛與物質不缺的日子，最重要的是我們的愛意未曾消褪，始終有著非常感恩的心——來自我們一路收到太多的恩典了。

現在，當我們一起回首當時的外遇與離婚，會有一層全新的看見。

我們周圍共同的朋友，因為都擁有了幸福，心中的批判也因為明白了一些冥冥之中的因緣，而漸漸地有了新體會。

也在此時，我才能夠更清晰地洞見自身在兩性關係中的蛻變與成長。因為，當時我們重新與真愛結婚，我與先生在兩性關係中各自的內在問題才再一次浮現。

因此，與先生這麼多年來一起學習、一起成長，在世界各處成為同學，一起在很多靈性工作坊深入看見，我們相互擁抱，淚眼相對，直到兩人破涕而笑為止。

這段故事非三言兩語能交代清楚，這一路所經驗的省思與明白，我在二〇〇九年出版第一本書《靈魂深處的力量》之後，開始分享生命裡的蛻變。

現在，在婚姻裡有苦難問題的人越來越多了，男人外遇的普遍問題到底源自夫妻關係哪個部分需要提升？哪些男人容易外遇？為什麼會外遇？外遇之後，妻子該如何自處呢？身為男人，又該如何面對與處理呢？

當然，不是只有男人會外遇，女人面對外遇的問題更不能忽視。為什女人會外遇？真的是她的男人不夠好，還是男人不知道女人真正的需求呢？為什麼女人外遇多數不會回頭繼續原來的婚姻呢？如果有孩子，孩子又該如何被正確地告知呢？而孩子會怎麼看待外遇父母的離婚呢？

或是，當你們都要一起走下去時，該如何讓傷害與痛苦獲得療癒，以原諒和寬恕繼續走下去？

這些是身為外遇家庭中的每一個人都必須了解與明白的大事。

儘管，外遇看起來真是讓人揪心與擔憂、憤怒與傷心的事，卻是讓家庭中的每一個人成長得最快、最深刻的一個過程了。

這不是一本勸合或勸離的書，而是透過故事，以孩子的角度，綜觀兩性內心的世界，呈現外遇家庭的新契機。書中因父母一方外遇而徬徨的兩位孩子，遇見了心靈導師梅里婆婆的整個情節與對話，導引出正確的教導與方向。讓此刻經歷這些過程的人，能夠在外遇苦難中認識自己的生命，且學習如何去愛人愛己。

若你剛好就是外遇的人、或你的另一半外遇了、更或許是你的家人朋友外遇了，我相信這一本書可以幫你們找到正確的方向。

所以，第一件事，就是當你意圖在本書中找尋出口，請你必須告訴自己：勇敢、直接地面對伴侶，是最快速與正確的方式！無論你要為自己做什麼決定與處理，都必須學會你需要面對是什麼？有哪些事是要先面對的？又該用什態度去面對？你的角色又該有哪些不同的面對方式呢？這正是本書要帶領你、幫助你的主要目的與過程。

許多報導與節目都熱烈討論小三與外遇的八卦話題，乃至於如何防小三侵入婚姻的八卦陣要怎麼擺放、風水位置、什麼長相是小三命或老公易外遇的臉等等，這已經轉移了外遇真正帶來的生命意義與目的，同時強化了人性中愛恨情仇的黑暗面，甚至偏離了人在受苦中應學習到面對處理該有的態度。

世界的兩性關係已經進入一個非常具有啟發性的時刻，這與人類在二〇一二年的意識大蛻變與進化中，有著相同的意義與關聯。本書談的不是理論，而是更深入地讓困頓於外遇或劈腿的兩性問題，能有更大的突破性啟發與療癒。

願

每一位在愛裡成長的人，都能明白

外遇不是關於對與錯的難題，

而是關於一個讓人生更美好的加分題！

在此，要特別感謝這本書與書名的誕生，多虧好友李欣頻的促成。因為欣頻的內在信息，使曾經驗過兩性複雜問題的我，可以接手去成為這個分享的管道。

還有這本書的靈魂人物「梅里婆婆」，謝謝妳給了我很大的書寫力量！

也要特別感謝主編此書的豐雯。豐雯就是我的奇蹟天使，我們的相遇是一個很深的約定。感謝佩霜的文字編輯；欣頻、德芬、佩霞、藍米克美好的推薦文句；以及藍萍、曉玲、彥希、學文與商周出版團隊的協助。

感謝我的助理總管曾琇翎。琇琇在我閉關書寫時所付出的一切，讓我可以安心的完成這一本書。

感謝一路上支持我、提醒我的每一位朋友。

最後，要感謝的是帶給我全新生命的男人——我的愛人也是我的老師煌元哥，夫妻算是真有一路上給扶持著彼此了。千言萬語在心中。你懂的！

二〇一一年十一月廿三日凌晨・台北

第一部

關於男人外遇

外遇不是誰對誰錯的探討，更不是一個人單方面的問題，而是彼此對愛與需要的再次學習。

第1章

爸爸外遇了

校園禮堂裡擠滿了學生，兩性專家在台上為學生講演著「孩子，讓愛來影響你的一生吧！」的主題。

「這世界是由『愛』變出來的。你們每一個人也是爸爸媽媽在『愛』的時候，把你們變出來的……」演講者的風趣帶來了滿場笑聲，他卻從容地說著：「不是嗎？總之，人是為了愛，才會來到地球上。所以，愛，是地球上所有發明與創造的源頭；愛，是一個家庭的幸福元素。不過，愛，也會是地球上很多不好事情的發生原因。因此，愛，可能是你們爸爸媽媽現在最不喜歡談的東西了。」

有男學生吹口哨附議著。

「為什麼你們爸爸媽媽現在最不喜歡『愛』了呢？」

「壓力大！」有同學舉手回答。

「煩惱多！」另一邊的同學說著。

「經常吵架！」有同學大聲搶答。

「我們成績不好！」全場又大笑了。

「因為外遇！」

「因為他們有人愛上外面的了？」

現場突然安靜了下來，是一種格外凝重的氛圍。

「喔！同學們，你們馬上就被爸爸媽媽的『不相愛』影響了，是嗎？」演講者自問又自答：「是的，孩子，只要爸爸媽媽不相愛，就會發生很多你們無法預期的事，這些事都會影響你們的心情、想法、課業成績……最嚴重的是，爸爸媽媽的不相愛足以影響你們的一生！所以，如何讓看起來不相愛的家，能繼續給你們愛，讓愛可以持續影響你們的一生呢？而爸爸媽媽他們也要知道當兩個人不相愛了，不代表婚姻失敗了，而是正要開始學習認識愛了！」

現場的人已經準備好迎接這個引起騷動的話題——關於爸爸媽媽的愛與不愛。

趙小言的故事

整場演講中，趙小言顯得極不專心，內心總掛念著家裡即將發生的事……

演講結束後，小言與同學一起搭捷運回家，途中若有所思，直到走出捷運站時，她終於開口問道：

「美玉，妳爸爸都是幾點回到家的？」

「怎樣？問這很瞎耶！」美玉喜歡邊嚼口香糖邊說話，老是表現得漫不經心。

「我爸爸已經好幾天沒回來了……」而小言看起來很沉重。

「喔！那一定是和妳媽媽吵架囉？」

「嗯！」小言無助地說：「已經吵很久了，我很煩……」她呆望著川流不息的馬路，彷彿希望接泊車不要來。

「妳知道他們在吵什麼嗎？」美玉卻心不在焉地問。

「我聽到最後一次是媽媽對爸爸大哭大吼，問他是不是和助理搞在一起了，因為她發現他們不大對勁，爸爸的簡訊好像怪怪的。」

「唉呀，妳爸爸一定是外遇了啦！我爸爸就是外遇才和我媽媽離婚十年了啦。」

美玉突然認真起來，問道：「那個『小三』妳看過嗎？」

「當然看過，爸爸公司聚餐時，我就見過她了……」小言好像隱約知道些什麼。

接泊車來了，美玉的手機剛好響起，她示意要小言自己搭車，自己則繼續留在原地講著電話，隨後又補來一句：「趙小言，明天見！」

這是小言第一次不想這麼早回家，但她已經上車了。

小言想起媽媽這幾個晚上的反應，心裡很害怕。她聽到媽媽與爸爸通電話的口吻，都是威脅，昨晚甚至要爸爸回來收屍。於是，小言趕緊帶著六歲的弟弟躲回房間看書、聽音樂。而且媽媽最近好像在吃藥，吃了藥後就癱軟在沙發上，有時候半夜還會傳來她的哭聲。

想到待會回家要面對媽媽這一段時間以來的不穩定情緒，甚至丟下兩百元要她負責買便當給自己和弟弟吃，她就更加心煩意亂……

小言突然提前一站下車。她緩慢地往回家方向步行，彷彿走得越慢、就能越晚到家，十七歲的她，畢竟無法面對爸爸媽媽即將要發生的問題。

別害怕，說出來就是解決問題的開始

提前下車的小言當然沒有心情逛街，腳步越走越沉重、頭越垂越低，背後宛如壓著千斤萬斤重，必須很用力喘息才能呼吸。說起來，她還只是個孩子罷了，最近又要準備學校考試，如何承受這麼多複雜的心情呢！小言走著、想著，突然間，撞倒了一個婆婆，慌亂之中，婆婆手上的咖啡整個被打翻，又潑濺上來。

「對不起！對不起！」小言不知怎地邊說邊哭了。

「唉……唷！咖啡有沒有弄髒妳的制服啊？」這個皺紋超多的婆婆，頂著濃妝和好重的香水味，看起來很不尋常，但是，她瞇起眼睛的模樣實在可愛。

「沒、沒有弄到我的制服，是婆婆的衣服弄到了，對……不起！」小言難過地哭著說。

「妳還好嗎？怎麼哭了呢？」婆婆好奇的模樣，看起來就像孩子似的。

小言突然好想要爸爸趕快回來，到底發生什麼事！怎麼每件事都變成這樣不舒服呢？她蹲坐在地上哭泣，連書包都著地了。

「孩子啊！」婆婆拉起了她，說道：「往前面走幾步路就是我的工作室了，來坐一下吧？」

猶如找到有人要願意領她回家的感覺，小言竟然放心地隨著這個既時髦又溫馨的婆婆徒步前往工作室。

工作室看起來不太起眼，外觀像間古董茶店，給人簡約而溫暖的感覺。小言看到門邊有個招牌，用藝術字體寫著：梅里婆婆工作室——個案諮商療癒。

「孩子，要不要喝點水呢？來，把眼淚擦一擦。」婆婆一手拿面紙、一手將茶遞給她。

見小言依然不言不語，於是，婆婆自我介紹說：

「我是梅里，很多社區孩子都叫我梅里婆婆，妳可以這樣稱我。孩子啊，妳的名字是？」

「我的名字是趙小言，爸爸媽媽都叫我言言。」小言想起應該要回家了，但內心卻不想走，因為這些日子以來，爸爸媽媽的問題真的令她手足無措。

「我叫妳小言好了，好記又好唸。」

梅里婆婆一直看著小言，眼神充滿著一種愛與關懷。

「小言啊，妳剛才為什麼哭啊？是我跌倒，又不是妳啊！也是我的衣服弄到咖啡的啊！妳哭什麼呢？」梅里婆婆好像知道小言有什麼事，卻以問句來換取她的回答。

小言搖頭不語，覺得沒有必要對陌生人透露自己的家務事，那真的很奇怪。

「不說話有時候是一種表達，但沒有人會知道妳真正想表達的是什麼。小言，我看得出來，妳有一顆很煩的心。小小年紀真不該承受這樣的壓力。我的工作就是幫人們的心做一些整理與清理，讓人們可以不要因為生命裡的一些發生，造成不必要的後果，最重要的是幫助人們更清楚明白為什麼會有這些發生喔！這樣就能快速地解決埋藏心中的問題。」

小言聽得似懂非懂，卻慢慢卸下對陌生人的心防，吞吞吐吐地說著：

「梅里婆婆，我爸爸好像外遇了……」

梅里婆婆鎮定而認真地看著她，點了點頭，鼓勵她繼續說下去。

「媽媽好像也變了一個人似的……每天都很鬱悶，常常生氣或哭泣……她在家裡就像是個生了病的人，讓我和弟弟很害怕……我快失去一個完整的家了……」小言又哭了起來，而且這一次是崩潰地哭著。

梅里婆婆沒有說任何話，任由她盡情地哭。過了許久，小言停下來看著梅里婆婆，梅里婆婆也正看著她，她不好意思地將眼神往外面移。

「小言啊，很多人都不喜歡說出心中的不愉快，更不習慣在別人面前大哭一場，因為已經不相信光說出來、哭出來就能有幫助。在大人的世界裡往往要盡量壓抑自己的感覺，深怕透露了很多不好的事，擔心著別人會怎麼想。其實是自己無法接受這個有真實感覺的自己。妳很勇敢地說出煩惱，這代表妳的生命正要幫妳好好面對這個發生。所以，不要害怕，說出來其實就是一個解決問題的開始。這是為自己求救的第一步。」

越了解真相，越容易解決事情

梅里婆婆的話的確很有力量，讓小言有些被安撫的感覺。她隨即又想著：要是說出來、哭出來是有用的，為什麼媽媽天天哭、天天在家裡打電話給朋友和外公外婆訴苦，卻不是解決的開始，反而讓爸爸都不回來了。

「小言，有時候大人並不知道，他們是在努力解決問題還是努力擴張問題。抱怨往往是一種沒有力量的發洩，越說越往死胡同裡鑽。」

「我媽媽好幾次都威脅爸爸，最後用摔電話來洩恨，她這樣根本是在擴大問題而不是解決問題，對嗎？」

梅里婆婆緩緩點頭，說道：

「但是，你媽媽的反應是正常的。當人傷心難過時，很自然地會變成用孩子的方式表達。其實她希望妳爸爸幫她處理情緒與問題。實際上，她很無助，不知道該怎麼辦才好。

當一個男人在沒有預警之下讓妻子知道了外遇，這樣的晴天霹靂是一般人難以想像的折磨與煎熬。當丈夫有外遇時，妻子往往會經歷很大的撕裂感與悲憤感，愛恨情仇交雜，情緒甚至崩潰到有自殺或毀滅的傾向。多數女人在沒有適當的情緒處理與理智思考下，容易罹患憂慮症或躁鬱症，有人因此必須服用相關藥物，而導致成日昏沉萎靡不振，甚至於需要酗酒酗菸才能紓解。」

小言邊聽著梅里婆婆的話、邊回想著媽媽最近的言行舉止。

「更嚴重的會讓自己生一場大病、或是無藥可醫的怪症。終日自憐自艾，抱怨生命如何虧欠她，最後以令人遺憾的方式走完這個過程，讓每個愛她的人不捨與心疼。但是，女人的心又希望自己能夠堅強地穿越外遇的苦難。只是一想起自己為了愛、為了家庭、為了孩子的全部犧牲與委屈，就再次陷入受害者的心結，無法自拔。妳能想像，丈夫外遇的女人在這樣的情緒裡如何對待孩子？女人內在的暴力往往會發洩在孩子身上，甚至要孩子一起恨外遇的爸爸。」

聽到這裡，小言很激動地說：

「對、對！我媽媽就是這樣！可是……我時常覺得她很可憐，所以我長大絕對不要像她這樣。」許多矛盾而複雜的感覺在小言臉上形成一種抗拒。

「小言，以前妳媽媽小時候心裡可能也這樣對自己說過，她絕對不要像妳外婆一樣可憐沒用，這就是對未來的一個設定，很多人都不知道一件事，當我們說著不要成為什麼時，就是設定了要成為什麼。所以不要輕易預設自己，也就是心中不要有排斥與抗拒。往往妳越排斥、越抗拒，最後都變成了它。」

小言很認真地想像媽媽小時候的樣子，以及她現在的樣子。梅里婆婆見她聽得入神，繼續說道：

「每一件事都有它的真理，越了解事情的真相，事情就越容易解決。在人類的世界裡，愛，一直是讓人極度渴望卻又矛盾的一種存在狀態。而愛與被愛都是需要一輩子去學習的，每一個人都離不開愛與被愛的關係，因為愛是生命中最重要的成長元素。沒有愛就沒有真正的動力，沒有愛就無法創造幸福的生命品質。當我們明白愛的意義、回到愛的連結與感受，生命將會激發出更大的力量去經驗一切更多的過程。」

從今天學校的演講到梅里婆婆所聊的話題，都和「愛」有關。教小言既懂又迷惘，怎麼「愛」與「被愛」的學問這麼深呢！

「然而，愛——以各種不同的方式來到生命裡，透過人們而召喚著許多事情的發生。除非妳媽媽能看清真相，並且認出愛，當她願意療癒自己後，才能清楚地知道一件事：原來這一切都是愛。她將更明白許多的痛苦與掙扎，都是為了讓她學習愛的深刻過程。」

外遇是因為孩子嗎？

梅里婆婆好像在泡茶，問小言會不會餓、想不想吃點東西？其實小言已經很久沒有好好地吃東西了，自從媽媽知道爸爸外遇後，根本沒有心情帶她和弟弟吃飯，經常是她在外面亂買一通，甚至以泡麵來應付一餐。而媽媽也好像很久沒有進食了，看起來暴瘦不少。

小言繼續著有關愛的議題，追問梅里婆婆，說道：

「我不是很懂婆婆說的，對我來說，愛就像偶像劇一樣浪漫，很快樂的，不是嗎？就算女主角有時候會難過，最後都是快樂幸福的結局啊！為什麼爸爸媽媽的問題那麼多？他們幾乎不擁抱，而且大事小事都要吵，甚至有一次媽媽和爸爸吵架時說，要不是當初有了孩子，她絕對不要嫁給爸爸這種爛人！梅里婆婆，是不是因為有了我們，爸爸媽媽才會那麼不快樂？爸爸外遇是不是因為我們很糟呢？如果當時沒有我們，他們現在會不會比較自由快樂呢？我好希望我可以死去或消失。這樣他們就不用心煩了。媽媽也可以放過爸爸，何必要兩個不快樂的人一起吃苦呢？」

聽小言這麼一說，梅里婆婆的眼眶充滿淚水，拿起桌上的面紙，好大聲地擤著鼻涕，然後哽咽地說著：

「妳爸爸媽媽如果知道孩子現在的心情，他們會不會很難受啊？」

「他們根本不管我們了。」小言眼眶同樣泛紅地說著：「他們已經很久不關心我們了……他們在外遇時為什麼沒有想到我們？他們大吵大鬧時為什麼沒有想到我們的感受？我們真的很害怕啊！」

梅里婆婆深呼吸了一口氣，閉上眼睛，隱約有滴淚水在闔眼時被擠了出來。

小言沒再說話，靜靜地看著梅里婆婆在做些什麼。

幾分鐘過去，梅里婆婆慢慢張開眼睛，說道：

「外遇與孩子一點關係都沒有！反而有很多故事都是因為孩子，使夫妻再相愛的意願提高。」

梅里婆婆好像將小言當成了媽媽，繼續解釋著：

「外遇的發生，都不在計畫中，換句話說，沒有一個男人娶了一個女人回家後，就打算要外遇。這中間有很多過程是轉變而來的。事出必有因！任何事情的發生，背後都有一股驅動力在冥冥之中召喚著，同時，這股驅動力將持續變動與轉化下去。意思是，外遇會發生一定有原因，但是這個發生會繼續變化，這是很少外遇家庭明白的，因此不必將外遇視為一個事件的結果，而是愛的關係持續轉變與學習的過程。變動不代表往最不好的方向，反而是將關係變動得更好的發展。儘管這個過程可能是不太美好的感覺。」

梅里婆婆稍微停頓下來，看看小言，然後又說：

「這股源自於兩性之間的驅動力相互影響，攸關著關係中的男人與女人，他們自己與對方相處的品質，也就是爸爸與媽媽、以及爸爸的外遇對象，他們都有一股驅動力在還沒有發生外遇之前，就形成了即將發生的一個強大事件的推力或是拉力。所以，外遇是現代人必須以新的態度好好面對的新課題。」

為什麼爸爸外遇了？

「梅里婆婆，」小言突然一直搖頭，不解地問：「我真的不懂，就像我的同學，他們不是每個人的爸爸都會透過外遇來明白愛啊？而且也不是每個媽媽都像我媽媽一樣負面抱怨啊！」小言以大人似的口吻發問。

梅里婆婆微微地點頭，說道：

「一個不快樂的女人，會令男人想要逃離她。一個不快樂的女人，是無法滿足另一半的。在我心靈輔導的個案裡，許多女性進行內在傷痛療癒後都會發現，丈夫外遇根本不是她們受苦的真正原因，而是回溯到更早以前，在沒有結婚之前，甚至是孩童時期，她們就已經是心中受傷與受苦的女人。」

孩童時期啊？小言露出了驚訝的神情。

梅里婆婆不厭其煩地解釋著：

「沒錯，她們本來就是不快樂的人！

多數女性都經驗過自己的家庭中，有爸爸媽媽溝通不良或爸爸外遇的過程，而這些過程從來沒有被教導該如何看待與面對，特別是她們的母親往往非常痛苦地延續著無奈與傷痛。正因為沒有人做出好的示範，許多女性的成長過程就延續了家庭的心理負荷，這就是痛苦的心靈狀態。嫁人後就繼續這個痛苦的過程。

於是，當女孩長大後，她不會知道內在之中有一股對愛的疑慮與苦痛，正在婚姻關係中預約了一個將被療癒與清理的學習過程。」

梅里婆婆看看小言，然後堅定地說：

「外遇是一個揭示出彼此內在對愛與被愛的發生！」

「梅里婆婆！我就是您說的這個過程，媽媽並沒有給我一個好的學習榜樣，那我未來的丈夫是不是一定會外遇？因為我現在就是一個不快樂的人啊！」

梅里婆婆被小言著急的模樣，逗著搖頭，笑著說道：

「最重要的是要回到兩性的相處之道和品質。

比方說，在爸爸發生外遇之前，他們的關係是什麼樣的品質？這其中是不是有人非常不快樂，甚至在一些小問題上很痛苦？他們的溝通是否一直存在著一種對抗與指責？還是，他們其實麻木了很久，早已經不再將對方視為愛人？於是，兩個人就像不對的人被湊在一起，相厭相煩，乾脆不說、不聽，凍結了兩人世界的道路。

其實，每一個人都希望自己與另一半更好，但多數人都在等待對方開始這個更好的過程，結果沒有人願意開始給予。不過總有人會在婚姻與家庭之外找到愛的機會。妳爸爸外面遇到的那個人，就是願意主動開啟他心中渴望更好的可能。

同樣的，當外遇的男人看見自己真正的問題時，他會明白問題根本不在外面的和家裡的女人有什麼不同，而是在每一個男人心中，也有來自更早以前對愛的需要與疑惑沒有被滿足與支持，當他經驗兩性之間的冷淡和對立時，這些不愉悅的過程就形成了冥冥中的驅動力，衍生出另一個機會點，來讓他經驗那個在愛裡的疑惑與滿足。

所以，外遇不是誰對誰錯的探討，更不是一個人單方面的問題，而是彼此對愛與需要的再次學習。因此任何人都不能去評斷外遇的對與錯。」

外遇家庭擁有學習愛的機會點

小言深深地嘆了一口氣，鬆懈心情後，發現真的渴了，於是大口大口喝著水。

梅里婆婆拿出了一盒蛋捲給她。

「謝謝，我不餓……」她客氣地拒絕，結果肚子卻發出了兩聲咕嚕。

「邊吃邊聊吧！」梅里婆婆熱情地招呼著：「待會我愛人回來，我也幫他留了一份，這是我親手做的蛋捲哦！」

「愛人？」小言暗自猜測這是在形容誰呢？

「我的老公啊！我比較喜歡稱他是我愛人啊！」梅里婆婆帶著幾分甜甜的語氣說著：「稱他愛人，是因為我會永遠記得這是與我的愛有關的人。」

小言很羨慕梅里婆婆依然存在的甜蜜。

婆婆回到原來的問題，說道：

「婆婆我也在學習著愛呢！就像妳爸爸有外遇，這是一個將女人的掙扎苦痛，釋放與淬鍊出智慧與意義的過程。」

不過，在外遇裡的每一個角色一開始都像是受害者。妳媽媽會認為自己才是受害者，是因為被背叛的感覺。關於被背叛的心靈層面，是需要被理解與清理的。人性的背叛有很多種，愛情的背叛最教人心痛。當她竟不是被選擇的，而是被遺棄的那一個時，這種強烈感受，倍覺心痛。被背叛的心最受苦的是覺得自己被遺棄、認為自身不夠完美。事實上，這種被遺棄的感受與她的男人外遇無關，而是生命中有過被遺棄的傷痛未被療癒。是這個被遺棄的舊有心理模式一觸即發，而不是因為男人遺棄了她。」

「有外遇的人難道也是受害者？」小言一臉迷惘地問。

「外遇的男人也同時在尋找愛的模式。**生命的未來總是被過去不愉快的經驗法則所控制著！**

沒有人真的會被遺棄，是過去不愉快的記憶在呼喚著發生，那個曾被遺棄的故事擁有更多妳不知道的真相。因此在愛裡的恐懼是害怕再被遺棄，只是她們忘了相信自己是被珍惜的。

由於我們對於愛懂得太少，以至於只對擁有愛、控制愛、占有愛是熟悉的，所以我們都無法在愛裡保有平等的心，甚至從來沒有真正在意過愛要如何自由？」

凝神望著梅里婆婆，小言點點頭，試著回想爸爸媽媽之間的「自由」，這個問題實在無解，於是她繼續聽著：

「自由的愛在夫妻之間的形成，是一種有親情、有情義的友誼，當關係裡沒有束縛時，妳會知道如何面對男人的外遇問題，因為妳不必害怕任何結果，因為妳也是自由的。」

小言似乎有點明白「自由」的重要。那麼，媽媽呢？

「因此，此刻妳媽媽要給自己更多更大的力量來面對這個過程。請妳相信，生命中所有發生都是為了給妳更多智慧與圓滿，雖然外遇讓人覺得很缺憾，怎麼看都不像是成就圓滿，不過你們接下來會意識到，爸爸有外遇非但有它的意義，更是一個強而有力的祝福。」

外遇是祝福？媽媽需要這樣的祝福嗎？小言內心有好多好多的困惑。

梅里婆婆彷彿猜出了幾分，繼續說道：

「記住！妳媽媽可以做任何決定，但是，這絕對要在她內心沒有怨恨與犧牲的狀態下。如果還有怨與恨，請先不要做任何決定，否則會形成一種負荷與拉扯。事實上外遇不是一個關係裡的遺憾，外遇絕對是生命最大的祝福，無論你們有沒有看到或是意識到，接下來，你們會有更多理解。」

爸爸還會回來嗎？

「梅里婆婆，我好想要爸爸回家，但我覺得就算他回來了，他的心好像再也回不來了。那麼媽媽會瘋掉，我好害怕她會做出很可怕的事啊。」這時小言又啜泣起來。

梅里婆婆走到小言的面前，拉起她的手，說道：

「小言，重點不在妳爸爸現在要不要回來，而是妳媽媽是否明白問題的真相。如果妳媽媽在這個最困難的過程裡，依然相信生命是為了幫她學習愛，那麼她就會知道自己才是解決外遇問題的關鍵人。」

「難道爸爸都不必為自己負責嗎？」小言很生氣地說：「這樣算是當人家的爸爸、人家的丈夫嗎？在外亂搞卻不必負責嗎？」

「小言啊，我明白妳為什麼這麼生氣，其實妳也被媽媽的情緒影響了……妳，真的想了解為什麼外遇的爸爸會這樣嗎？」

梅里婆婆喝了一口茶，深呼吸，繼續說著：

「一個男人外遇了，他的心同時承載著更多更大的罪惡感與內疚感。因此，他會說謊來讓一切看起來是正常的，但是每一個謊言都讓他的心回不了家，因為罪惡與內疚來自於他知道自己真的出軌了。

記住，無論男人外遇的對象是誰，那都不是重點，而是男人的心怎麼了，為了什麼而動了心、動了情，愛上了不可以去愛的人，卻忘了他曾經那麼愛又願意奉獻青春給他的女人？請不必逼他回答，因為外遇的他是回答不出來的，就算他試著要回答，已經沒有人會相信他了。這就是男人的外遇，回家的路也同時被摧毀了。」

外遇的爸爸要回家，原來是這麼難！難怪小言好久都盼不到爸爸回家了。

「這個二元對立的世界總是要把對錯放入兩性關係裡，然而兩性關係卻是容不下對錯的，當愛遇到『對錯題』，就會考零分。這是為什麼許多夫妻還沒有外遇之前都在吵『誰對誰錯』、『你做了什麼是對的』、『你又做了什麼是錯的』，無論最後誰對了，都輸掉了愛……

然後，有一天男人就會遇到一個讓他什麼都『對』的人，很多人都稱那個角色是『小三』；小三不是第三者的名字，而是男人口中的『好朋友』。小三是一種形容外遇第三者的輕蔑代名。」

「嗯嗯，我知道『小三』這個名詞。」

「妳要知道，任何能量被輕蔑後，會有一股破壞力逐漸擴散。這是為什麼江本勝博士在《生命的答案水知道》一書的實驗，對著水說出具有破壞與輕蔑的字眼後，水能量就瞬間變化成很可怕的結構體。所以當小三被定名了，第三者破壞的能量就會被撩撥起來，外遇之戰即開打。」

「外遇的確像一場戰爭啊！」小言有感而發地說。

「戰爭俘虜即外遇中的男人。而身為俘虜是沒有立場說話與表態的。於是，這個俘虜的雙手被倫理、道德銬起來，雙腳被負心漢的枷鎖銬住了。辜負結髮多年的妻子，不應該如此，他內心的指責聲不斷地自我審判。他已經開始判決自己卻同時渴望能被愛赦免一次。

無奈外遇事件總是沸騰地在妻子一心想知道真相的撻伐裡，而這是愛的俘虜最不願多說的來龍去脈，因為怎麼說都釋放不了心中的罪惡與內疚，乾脆什麼都不說，隨你們怎麼辦！只求放過內心的罪與罰，然而要如何不罪惡內疚呢？天秤上，一邊是愛情，另一邊是責任與道德的壓力，男人的心要怎麼選擇呢？」

小言的內心期望著爸爸能夠選擇回到原來的家。

「當罪惡與內疚的能量在彼此之間像乒乓球般來去，事情越來越複雜，過程越來越不易處理。最常見的是，女人的痛會使她透過抒發訴苦來釋放，結果就成了到處張揚指控，尋求更多支援與支持。雖說她著實需要更多力量來面對委屈與苦痛，但往往就在這個過程裡讓原來不易的關係更加不友善，讓男人沒機會回到這個家裡來，有時候也會不小心把路給斷了。

我曾經遇過一個個案，她是家庭主婦，丈夫是很傑出的律師。這個丈夫有慣性的外遇模式，最後都會自動結束外遇。

她來找我時，已經知道丈夫又一次的外遇，而且，她這次痛苦得想要分開，內心非常煎熬痛苦，不知如何是好。經過完整了解後發現，她心中一直有個遺憾，是她來不及見到父親臨終的最後一面，她的心很沉痛……幾年下來，有一種隱隱的痛存在於對丈夫的不滿，同時，也意識到多年的婚姻裡，很多時候，沒有做自己、沒有愛自己。療癒完後，她說她不想離婚，但其實已經有了接下來的答案了。我建議她，無論發生什麼事，請順著自己的心走。

後來是她丈夫主動要求離婚，想與外遇對象在一起，她平靜地答應了。結果不到一個月，丈夫又想回來她身邊了，而在這之前，他還向她訴苦，說外遇女人如何折磨他。有趣吧！

然而，有時候男人會因外遇的犯錯心理下，瞬間回到孩子的狀態，恐懼害怕面對一切，他不會在這個時刻做選擇，他只想逃避，等待被關懷與循循善誘的勸導。

妳會發現，在這樣的時刻，大部分都是第三者扮演這個關懷與循循善誘的角色。同時，會激起內心最委屈的人，往往是家裡的妻子，委屈者會做出讓大家後悔絕望的事，也會做出傷害彼此的事。這使得整個外遇問題像是天災一樣摧毀一切。

社會許多悲劇案件都是來自委屈者最令人難過的伸張，這不但不能解決問題，反而擴大了原本可以解決的單純事件。

問題是，往往都是女人讓男人的罪惡與內疚不斷擴張。因為委屈的女人都有一種情結，就是讓男人有虧欠於她的心理……這卻使男人更想逃避與逃離這個罪與疚。」

「對！媽媽真的是這樣子的……」小言很慌張地問：「那她現在該怎麼辦啊？」

「如果妳媽媽是在爸爸有外遇裡受苦的女人，請她卸下男人必須為她負責的心態，當她能夠承擔丈夫外遇的發生，將看到事情的峰迴路轉。

每個在愛裡犯錯的人，心中都有個關於愛的陰影。

請她幫助她的男人走回愛裡，換句話說，就是成為這個過程中的輔導伴侶，陪伴丈夫經驗這個過程——因為在媽媽這裡有爸爸需要的、卻忘了給予的愛。當然，或許她覺得妳爸爸也沒有給予她所需要的，更可能在她心中早就不想要這段婚姻了。總之，請務必在這個過程裡對自己真心，一定有一個更好的協議來完成他們的下一步。」

這個時候，小言的手機突然響起，她忙說著：「梅里婆婆，一定是我媽媽打來的，我得趕緊回家了！」然後接起手機，回應說：「喂！媽媽，我就快到家了。」

梅里婆婆看著小言，說道：

「這是我的諮商名片，請妳交給媽媽，或許有機會我能幫得上忙。」

「梅里婆婆，我明天還可以再來找您嗎？我還有好多好多的問題需要您幫我去明白。說不定我也可以幫助爸爸媽媽啊……」

「孩子，」梅里婆婆點頭，說道：「妳真的很不容易，事實上，妳是無辜的。妳真的很懂事……」然後示意著小言趕快回家了。

看著小言背著書包離去的背影，梅里婆婆想著：她的爸爸媽媽是否想到孩子也承受著一樣的痛苦呢？

夜晚來臨總是多了一層霧。

第2章

了解丈夫外遇後的媽媽

兩天過去了，梅里婆婆在傍晚都等不到小言的出現，隱約猜出她家裡應該出事了。梅里婆婆知道外遇最危險的，就是小言媽媽此刻正在經驗的過程。

小言向學校請假，因為媽媽吞下很多安眠藥，企圖自殺，必須住院觀察兩天。爸爸有趕過來看一下，爺爺奶奶和外公外婆在醫院裡互不交談，氣氛非常怪異。

媽媽醒來時都在哭，而爸爸在時，她比較不哭，純粹擺著臭臉，好像全世界都虧欠她一樣。外公外婆勸她乾脆離婚算了，把帳算清楚就分開。媽媽很難受又吐又痛的樣子令小言很害怕，害怕得想死……甚至想拿刀殺了第三者，替媽媽報復。此刻，小言想起了唯一最有智慧的朋友——梅里婆婆，突然好想念她。這些日子以來，小言都是在夜晚的棉被裡偷偷地哭。

弟弟一直被託付在保母家，小言也很想念弟弟，想著：六歲的他會不會哭？是否知道這個家快要沒有了？小言好想離家出走，反正這個家已經不可愛了。那天，美玉拿菸問她要不要抽，她一度想乾脆讓自己變壞算了，然後讓爸爸媽媽的心痛死，這樣就平衡了。她真想大叫：「大人真是可恥，都搞不定自己的情緒，這樣會累死我們孩子啊！你們知不知道啊！」

然而，這一切只是想想罷了，小言不知道自己到底能承受多少，為什麼都沒有人說出真相，以及下一步到底該怎麼做？

醫生開了好多藥，其中一樣是憂鬱症的藥，醫生囑咐爸爸這段時間要多注意媽媽，她很可能再自殺，不能再受到刺激，媽媽的樣子看起來更消沉了。聽完之後，小言心裡好慌好慌。

下午三點陪媽媽出院、返家後，小言直奔那個可以療傷的地方——梅里婆婆工作室。

前來應門的卻不是梅里婆婆。

「妳一定就是小言吧？」

「請問您是……」小言猜想這應該就是梅里婆婆的先生。

「我是梅里的愛人，就是她的老公，妳可以叫我江爺爺。」

「江爺爺好！我是小言。」

「梅里在樓上個案室幫一位婦人做療癒諮商，還需要半個小時才結束。妳先坐一會兒吧！」和藹可親的江爺爺說完後，繼續看著報紙。

等待的同時，小言腦海突然閃過一個念頭：為什麼不讓媽媽認識梅里婆婆呢？也許有機會讓媽媽為自己做療癒與清理，畢竟梅里婆婆是有經驗的心靈輔導工作者。小言決定今晚就向媽媽提這件事，俗話說「母女連心」，她滿心希望媽媽能趕快好起來。

如果要選擇先救誰？小言覺得要先救媽媽，因為是爸爸外遇了，媽媽比較可憐，要先幫可憐的人才對！不對，爸爸也很可憐啊。

小言看著那位婦人從梅里婆婆的個案室下樓，婦人眼睛好像哭得很腫，卻對她點頭微笑，這令她呆住了，因為那個笑容是一種寧靜與輕鬆的自由，她好久沒有看見媽媽這樣笑了，或者說，她從來沒見過媽媽這樣笑。

隨後，一個飄逸的女人走下樓梯，是梅里婆婆。她今天穿著一件全黃的連身及地長裙，身上披著一條很綠的披巾，頸上多了一條由蜜蠟與琥珀串成的項鍊，真美。江爺爺在樓梯下等她，像迎接女王般扶她下樓。這樣的畫面真特別。江爺爺親吻她的手。然後，他們相互擁抱著。

看在小言的眼裡，她覺得梅里婆婆的樣子簡直不像六十歲，而是十六歲的美。內心又不禁想著：為什麼爸爸媽媽不再這樣擁抱了？

「我等了妳兩天，」梅里婆婆開口對小言說：「我想，妳家裡一定發生事情了，沒問題的，我今天會幫妳！」

梅里婆婆親切地微笑後，走進廚房去煮茶。

「妳爸爸現在很苦！」江爺爺轉身對小言說。

「我只知道是我媽媽快活不下去了，」小言很氣憤地說：「我爸爸在外面爽得很！」她完全忘了江爺爺是長輩。

「男人外遇是始料未及的，我也外遇過，卻再也回不去那個家了。」江爺爺好像很平靜地說著自己曾經痛苦的過往。

「回不去是什麼意思？」

「我與梅里當時都各自有家庭，但都還沒有孩子。」

小言瞪大了雙眼，彷彿用眼神追問這個故事的始末。

「當時我們各自都有婚姻問題。我的外遇，是愛上了妳的梅里婆婆，那時我妻子每天和我吵，我一開始沒有打算離婚，卻不知道該如何面對，只知道和梅里在一起時很開心，但是不敢面對外界一切的評斷，我害怕做決定，於是一直在折磨著兩個女人。」江爺爺擦著頭上的汗，繼續說道：「當時，梅里做了一件讓大家都不諒解的事，她懷了我的孩子，而且執意要生下來。她前夫當時不知道孩子是我的。妳能想像我們到底做了什麼蠢事啊！最後是梅里的勇敢帶領著我，我才從面對、承認到處理。還有，我前妻當時有多麼不容易，她是我始終敬佩與感恩的好女人，她成全了我們。而且她現在過得相當幸福美滿。當時我的確虧欠了她與梅里的前夫。她前夫也是一個勇者，他後來成全了我與梅里，也原諒了孩子是我的事實。所以我當然能知道外遇的男人是受苦的，絕對的苦啊！」

媽媽的情緒反應

「小言！這個年紀聽這些是會很辛苦的！」梅里婆婆端著茶走了出來，示意江爺爺上樓。

「請您繼續說，」小言很篤定地說著：「我想要知道更多大人之間的事。」彷彿想透過更多理解，來幫助爸爸與媽媽走出外遇的陰霾。

「小言，妳媽媽現在一定很難熬，這是任何一個女人感到最痛苦的過程。她還好嗎？」梅里婆婆表示關心地問道。

「她已經服用安眠藥一段時間了，兩天前，她將一堆鎮定劑、安眠藥和酒通通吞下去，還對我說要好好照顧弟弟之類的話就回房了，我趕緊打電話給爸爸，爸爸衝回來，發現媽媽整個癱軟在床上……」於是小言又哭了起來。

梅里婆婆心中想著：當懵懂的孩子看著媽媽如此耗弱自己的生命，無論他們的年紀多大，往後會如何走在痛苦的道路，繼續演著上一代的續集，還是，有誰可以用正確的觀點與態度來教導孩子看待爸爸外遇的發生，而不讓他們將來變成現在的你們呢？

梅里婆婆邊牽著小言坐下，邊向小言解釋著：

「從震驚──→憤怒──→悲傷──→放棄。是女人面對『丈夫外遇』、『被背叛』與『劈腿』的心理狀態。這個過程的長短隨著女人情緒所執著的狀態有所不同。有的女人甚至會在過程中的一個點上耗盡青春歲月，消磨掉生命的所有熱情。」

梅里婆婆的聲音話彷彿具有安定作用，小言慢慢收起眼淚，像是上課般專注地聆聽梅里婆婆分析媽媽的情緒轉變。

「遭遇丈夫外遇的女人，在一開始會非常震驚，無法接受。無論女人如何得知丈夫外遇，當她開始懷疑時，心中就一直是驚恐不安的。因為很多事都是無法預測的就發生了。有的女人從震驚之後一直處在驚恐、懷疑的狀態，於是不再相信愛、不再相信人，更無法相信命運會透過外遇來幫助她，甚至一輩子都懷疑東、懷疑西，永遠無法在生命裡安頓身心。而孩子則因此失去對生命的自信與熱情，甚至不信任愛與人的關係。我曾經遇過這樣的個案，外遇家庭的孩子已經被深深傷害了。」

或許小言能夠理解媽媽的震驚情緒，就像剛得知爸爸有外遇的時候，她也同樣充滿震驚。至於憤怒呢？恐怕媽媽的感受又比她更強烈許多倍吧！

梅里婆婆繼續說道：

「另外，有的女人從震驚的情緒，轉入憤怒的情緒，內心燃起的怒氣一直都梗著，就是不願意做任何面對與和解，於是，憤怒的女人不斷地找丈夫的麻煩，與他作對交惡，憤恨時就找他來罵一頓，搞到最後一定得分開了，還是繼續生氣。」

梅里婆婆停下來，看看小言，問說：

「那股怒氣的背後是什麼，妳知道嗎？」

小言只能搖搖頭，等待著梅里婆婆的答案。

「是悲哀，很深、很深，對於愛的悲哀，但是女人不進入這個悲哀是因為心會很痛很痛的，人很怕心痛。所以越不敢進入那個痛，越是無法釋放，怒氣與憤怒就越大。有時會做出傷害別人或傷害自己的事，就像有的女人會去打罵丈夫的外遇對象一樣。」

沒有人喜歡被以憤怒對待，小言當然也不喜歡，但是，要她不去討厭爸爸外遇的對象，似乎有點難。

看到小言皺起眉頭，梅里婆婆補充說道：

「憤怒是一種暴力，這是因為有痛苦沒有被清理與療癒。這股氣有時候會轉移在孩子身上，使得孩子已經失去了爸爸，還要被媽媽虐待，孩子很痛苦很心碎。這樣的孩子無形中被教育了暴力，他們長大後容易有語言或情緒的暴力，尤其容易在關係裡憤怒與生氣，於是，這些孩子的人際關係變得不好，因為他們很容易感到強烈的憤怒。」

「接下來，就是悲傷，對嗎？」

「是的。當女人經驗完憤怒後，會開始為自己這一路走來的過程而崩潰。一旦情緒崩潰了就會進入更深的悲傷裡。這個悲傷是關於不被愛與被遺棄的感受。多數的人都曾經歷過不被愛或被遺棄的事件，但那往往是未經明白的過往與記憶，如今被外遇再次勾起了悲傷，有人因此而一起療癒了過往，但是大部分的女人都在這裡上癮很久……」

「上癮？」小言無法理解悲哀的上癮，問道：「這是什麼意思？媽媽沒有酒癮、沒有菸癮、更沒有毒癮啊？」

「當一個人無法停止做一件事就是上癮了。許多丈夫外遇的女人都對自己的悲哀上癮了，因為一直覺得自己是受害者，用一種情緒來告訴所有的人：我是受害者，我很悲哀、很可憐，我丈夫對不起我、背叛我、辜負我。當這種情緒不斷地圍繞，就會做出傻事，第一件事就是自殺。」

小言點點頭，彷彿理解媽媽這段日子以來的行為。

然而，梅里婆婆卻說：

「如果女人沒有自殺，就會在一段時間之後生很重的病，或罹患莫名其妙無法解釋的疾病，特別是婦科的問題，甚至因病而損耗了生命。這是很不值得的過程。

很多女人不自覺地讓自己進入這種無名苦痛裡，讓孩子不知所措。在這樣家庭中成長的孩子，內心會自動衍生出很深的挫敗感，做什麼事都不容易成功，而且離幸運總是很遠，總是有不幸的事來阻礙正在努力的過程。因為孩子心中早已被灌輸了一種很深的悲哀與一連串的愛別離，孩子正是這樣家庭的另一個能量延續體。」

從震驚、憤怒到悲傷，小言都能夠體諒，但是，媽媽怎麼可以選擇「放棄」！那身為孩子的她和弟弟該怎麼辦？想到這裡，小言的心頭又是一緊。眼前似乎只有從梅里婆婆的話裡才能找到勇氣了。

「女人經驗了丈夫外遇初期的震驚，然後到憤怒地表達對外遇的不接受，經過很深的自我悲哀後，最後就會來到了『放棄』。」

小言著急地問：「我們孩子也會被放棄嗎？」

梅里婆婆以不捨的眼神望著她，緩緩地說：

「放棄有兩個層面：一個是放棄這個婚姻與家庭，另一個是放棄自己。兩個都是非常不穩定的選擇。放棄婚姻與家庭，往往來自願意面對與處理的心，希望得到一個對大家都更好的決定。然而，這不應該在放棄的情緒裡進行，因為有了情緒，彼此都可能做出遺憾的決定，而孩子將會受到很大的衝擊。」

梅里婆婆停了一下，繼續說道：

「另一種是自我放棄。也就是當女人選擇不再對丈夫外遇的事表達意見，而是拖延著問題，看著丈夫在家庭與第三者之間來去。這是最危險的示範，非但沒有創造家庭該有的品質，甚至在這委曲求全的過程裡，女人已經放棄自我的存在意義，無疑是更沒有面對和解決事情的勇氣，如此一來，孩子就一直處於不平衡的關係中，無法正常地表達自己。」

聽到這裡，小言開始揣想，媽媽的自殺究竟屬於哪一種放棄？難道沒有更好的選擇了嗎？

梅里婆婆似乎看穿了她的心思，說道：

「沒錯，女人是可以學習為自己做一些主張和面對，當丈夫外遇後，女人更要勇敢為自己、為這個家做一些更好的決定與處理。社會上許多名人都有這樣的問題。」

「原來，有問題的，不是只有我們家而已……」

「例如，有一位已往生的董事長，他與第二任妻子生的兒子，當時是一名教授，他外遇一位年輕女子，而且是他的學生，因而造成非常轟動的新聞。儘管大家都不諒解、不支持，他還是奮不顧身地與這位年輕女子在一起。多年後，他的妻子則因胃癌過世了。

在我的輔導個案裡，確實有很女人因為諸多原因而隱忍，只求丈夫有一天能夠回心轉意，或索性將問題交給時間，以為丈夫不過是一時新鮮，當時間久了、新鮮感退了，就會回頭了。然而遺憾一直發生著，苦痛卻未曾稍退。」

「放棄不行、忍耐也不行？那麼，媽媽該怎麼辦，才能讓爸爸回家？」小言不禁為男人與女人之間的複雜感情而茫然。

「外遇殘酷之處在於：丈夫與另一個女人發生了性與愛的關係，使得這些痛苦與遺憾造成自己身心很大的挫敗與毀壞的能量。

在我的個案中，這些女性不是患有嚴重的憂鬱症，就是試圖自殺，甚至摘除子宮或有婦女疾病，更多的是原因不明的症狀，令人憂心。所以在清理與療癒過程，她們都崩潰於自身的悲痛與無奈，其中包括了沒有人正確的陪伴，並提供有力量的方式，來讓她們為自己做更健康的釋放與決定。

但是，當女人進入內在最深的悲哀裡，將赫然發現，為自己真正活一遍的答案是什麼。有時候不一定是離婚最好，有時候不一定是不放手最好，最重要的是，妳愛不愛自己、尊不尊重自己的感覺，以及該如何學習去愛一個男人，這才能明白整個外遇確實與自己有關聯。」

「梅里婆婆，除了媽媽必須面對這麼多，爸爸或者是身為孩子的我們，又能做些什麼？」

「外遇的男人也要能夠明白自己真心要的是什麼，並且尊重心中想要的結果。當然，誰都不需要去隱忍，更不一定要離婚，有很多的處理是必須來自爸爸媽媽共同的面對。包括該如何讓孩子們知道爸爸媽媽發生了什麼事，讓家庭產生這些改變，這都是要去面對的。

否則，一般人都規勸成功男人背後的女人要隱忍，然後不能對孩子亂說，卻又不經意地對孩子道出爸爸不負責任的事……

總之，這必須是來自一個被正確理解與教導後的決定，而不僅是用隱忍的方式來顧全大局。許多隱忍的女人也許都忍下來了，但這沒有真的對任何人有益；勉強維持下來的家庭不是真正的完整，因為妳將有不完整的人生，這是最遺憾的。

外遇確實是讓人瞬間成長的一個重要的生命轉折點。

藝人也是心靈老師的賴佩霞，就是一個穿越外遇苦痛而找到幸福的女人。當時，她的前夫外遇，而他們已有兩個女兒，這突如其來的打擊，在經歷離婚與重整自己之後，讓佩霞從此走進了心靈到靈修的寬闊人生，並且仍然有勇氣再進入婚姻。現在的她擁有幸福和諧的兩性關係，與全然愛自己的喜悅人生。我曾看過她現在的伴侶如何疼愛她，他們的相處之道是沒有爭吵的。

當年的經歷與過程，是一個使佩霞淬鍊出更有智慧與魅力的轉折點。現在的她，最常談到的是感恩，我相信她不但感恩現在的一切，也包括了當年外遇的打擊，都是讓她回到愛的道路之發生。」

「梅里婆婆，我想請媽媽來認識您，我有預感，您一定能幫助我們家。」

「小言，妳媽媽確實需要被幫助，但她現在很敏感，最不願意別人觸碰她的心。而且她剛自殺，或許不希望我知道這些事，所以，妳可以分享給她聽，或將妳的筆記給她讀。當然，如果她願意找我諮商療癒，我會為她做完整的療癒與清理，讓她知道接下來該怎麼做。」

「媽媽接下來該怎麼做才好呢？」小言準備另一頁要做筆記。

請開始為自己做一些不同的事

「妳知道當爸爸有外遇時，媽媽最難面對的是誰？」

「是我阿公和阿嬤？」小言如此猜測著。

「不，你媽媽最難面對的是自己的心，然後才是妳爸爸、家人、孩子與朋友。這種難以面對自己的心就是一種抗拒，抗拒外遇的發生，而抗拒的心就是受苦的心。

在生命中最受苦的過程，只有兩種方式可以解決問題，其中一種方式最耗費能量與時間，就是想方設法對抗苦的發生；另一種是最快也最痛的方式，卻非常具有轉化的力量，那就是面對苦、進入苦、穿越苦。因此面對自己是最困難卻是最快解脫的方式。

但是人們為了逃離外遇所帶來的痛苦與難過，會不停地怪罪整件事。然而每一個怪罪在無形中都擴大了外遇的苦痛，讓心中的傷口不但無法癒合，終將因內心的積怨而成為生命中更大的遺憾。」

「那麼，該怎麼做才能讓媽媽不再傷心與難受？」

「在最快的過程裡釋放出傷心與難受，就能讓妳媽媽開始為自己做更多的處理與安排。因此妳媽媽必須了解一個生命教導：『受苦不是來自事件的本身，而是來自你對它的看法。』註①

所有的苦都是為了讓我們進入一個蛻變的過程，蛻變是來自我們對『改變』這件事有了一些行動與努力。

英國心理治療師羅布・普瑞斯在書中提到：『我們會感覺到一股無法抗拒的衝動，似乎生命中有一股比我們更強大的東西在推動這種需求。自信的力量就是我們內在完整的原型，可以為我們推展生命。然而這一股力量所產生的結果不一定是美好的，這一股追求完整的力量會製造一種幾近難以忍受的壓力，要我們突破並進展到另一個層次的存在方式。這往往會讓我們崩潰。』註②

這就是為什麼每一個人總是被帶到不同崩潰的點，卻又對抗著崩潰。我們總是錯過內在完整力量的召喚，然而老天卻從未放棄過我們。

原來我們創造了一連串的發生，為的就是經驗蛻變後更高的自己，而這個美麗的蛻變過程就從妳媽媽所在的位置開始——面對她心中的痛苦。」

「梅里婆婆，這過程很難對不對……」小言憂心忡忡地問。

「親愛的，這是許多人都走過的路，剛開始可能會很辛苦、很痛苦，但效果卻是最好的喔！只要照著步驟進行就可以了，老天會幫助開始願意為自己努力的人！」

梅里婆婆示意小言將這個「釋放與療癒痛苦的步驟」記錄下來，帶回家給媽媽看，於是她很認真地做著筆記。

【梅里婆婆圖書室】釋放與療癒痛苦的步驟

(1) 面對自己的痛

在一個安全的獨自空間裡，面對自己的情緒與情感，勇敢進入這份情緒與情感的痛苦。會哭、會叫都是正常的。盡可能地讓情緒表達出來。

(2) 看見痛來自何處

在極為傷心痛苦的過程中，有什麼感覺？是被遺棄、被背叛、或其他感受。全然去感覺這份感受，並且回憶生命中第一次出現這份感受是何時？何事？與誰有關？

(3) 明白記憶裡的不完整經驗並非真相

當看見事情在更早以前就有些痛苦，去明白那件事裡的每一個人都同樣有自己的苦。他們不是故意的，請相信真的沒有人存心要傷害你。然後請求寬恕的力量來到這個過程。

(4) 讓愛回到心中

回到此刻的痛，相信愛從未離開，只是用另一種方式來教會你更重要的一課，就是你要開始蛻變自己與轉化痛苦了。

(5) 面對你們之間的真實問題

你一定清楚為什麼另一半有外遇了，誠實地看見自己在創造這個發生，以及你確實需要再學習的部分。

(6) 對自己承諾是能量的開始

無論結果是什麼，都要承諾自己接受並面對生命帶來這麼偉大的發生！這是恩典與祝福的時刻！是的！請相信一定會有更好的結果在等著你！

「當妳媽媽持續為自己做這個釋放與療癒的練習後，不代表她不再有內心的衝突與掙扎，事實上，人是擁有高度情感的存在體，隨著外遇打擊的開始，本來就會有反覆無常的感受；她可能上一秒可以寬恕與原諒了，而下一秒又像是炸彈爆發了。這都是過程中的一種顛簸，也是將來走出來時最強而有力的深刻過程。

然後，請妳媽媽在最平靜的時候，與妳爸爸面對面坐下來談談他們接下來要一起面對的事。這時候她必須明白，他們必須在同一陣線來共同面對，協助妳爸爸也就等於在協助她自己。」

「天啊！他們要談判，對嗎？」小言擔憂無比，真不希望發生這個場面。

「小言，」梅里婆婆閉上眼睛，頻頻點頭，說道：「這將是妳媽媽為這個家做出最漂亮的一個示範，同時讓妳爸爸看見她開始不同了！我也確信妳媽媽完成這些過程後，會奇蹟式地療癒她自己！」

「談判的內容是要離婚嗎？」

「不是談判，而是一個真心面對的討論時刻。」

「我想代替媽媽請問婆婆該如何討論？」

「來，我們一起擬一份『夫妻溝通重點』。妳可以帶回去給媽媽參考。」

【梅里婆婆圖書室】夫妻溝通重點(男人外遇篇)註③

(1) 請媽媽問爸爸，希望怎麼幫他？傾聽他說。同時媽媽必須在心中面對自己真實的情感與想法。

(2) 討論他們接下來的打算，是要一起回到愛裡？還是選擇分開(離婚)？

(3) 媽媽要清楚地知道，自己的痛苦不代表沒有愛與力量，這代表著她可以表達自己的痛，以及所需要的結果是什麼。

(4) 如果確定要一起回到愛裡，媽媽可以請求爸爸協助她、陪伴她走出這個痛，同時讓爸爸知道她會繼續相信他。

(5) 若媽媽或爸爸選擇要分開(離婚)，他們可以溝通是否再努力一段時間，別再輕易錯過了彼此與家庭。

(6) 若確定要離婚，請雙方冷靜幾天，想一想，另外約下一次的時間，討論他們要處理的相關事宜。

「梅里婆婆，如果爸爸要跟媽媽分開，我好像已經可以接受了。」小言忍不住吞了一口水，繼續說道：「因為我似乎有一點明白您說的，其實生命會給我們什麼，我們是不會知道的，但絕對是為我們的生命更好而發生的，對不對？」

「看得出來，」梅里婆婆對小言笑了：「療癒在妳身上也發生了。」

自救療癒的開始，讓外遇徹底啟發妳

「梅里婆婆，請您再多說一些關於清理與療癒的自救方法，萬一媽媽不想親自來認識您，至少可以用快速的方法來療癒自己。我知道我可以幫她的並不多。」小言很認真地希望媽媽好起來。

「這一、兩年有一本書幫助了很多人，他說著至真至善的四句話。我都會告訴個案，請他們在心中做這個四句話的練習與表示，這是來自薩滿的療癒。這四句話對自己情緒來時的急救非常有效：

對不起！

請原諒我！

謝謝你！

我愛你！

並且請連結讓妳升起情緒的人事物，對他們說這四句能量語。」

梅里婆婆雙手合十在心間。

「只說這四句話就有用了嗎？」小言不解地疑惑著。

「除了說之外，妳媽媽也要為自己再多明白一些關於療癒的過程。療癒是一個內心復健的過程，而非立即有效的結果，所以不能強迫進行。也許她會經驗極大的不舒服與痛苦，請妳媽媽在心中祈請一切力量來面對自己的痛苦，當然這個過程絕對不容易，請她在心中為自己加油與鼓勵！

同時，妳媽媽必須清楚一件事，**真正的療癒是來自寬恕的力量**。只有寬恕的力量能夠治癒破碎的心，只有寬恕的力量能讓關係重新來過。」

「我懷疑有這樣的女人嗎？完全寬恕男人的外遇和劈腿？」

「很多了不起的故事都發生過，這些故事都很美。

有一位台灣歌仔戲界的天后，丈夫與她姐姐發生婚外情，同時讓姐姐懷孕了。這位天后經歷了巨大的痛苦後，選擇原諒了丈夫和姐姐。現在，她還是深愛著丈夫，而姐姐依然將那孩子養大，她同時也接受了這個孩子的存在。

這是真人真事，這故事讓我們看到了愛與寬恕的偉大力量。她當然不是隱忍，因為他們彼此坐下來認真談過，由於彼此仍深愛著對方，願意繼續為家庭扶持，雖然錯已發生，但他們一起面對著。」

「真是了不起的結局啊！」

「另外，多年前有一個性愛光碟事件，光碟男主角就是有婦之夫，他與女立委的性愛過程被整個偷錄下來，傳遍大街小巷，幾乎人人都看過這片性愛光碟。

事情發生時，妳能想像這個男人的妻子要如何自處與面對？她是國內自創品牌的設計師，有記者採訪她，她始終沉默不語。事情沸騰後沒多久，就有週刊拍到光碟男主角和妻子手牽手逛街，顯然她已經原諒了丈夫。

這是一個很值得去思考的過程。

是什麼力量讓她原諒並接受丈夫在性愛上的出軌？是什麼力量讓她可以面對一切並讓男人回到她的身邊？是愛是寬恕，也是放過與慈悲了自己。每一個人都會犯錯，只是這個錯在關係中能否被接受，越能接受的關係，就越能夠幸福。

這過程代表著現代女性在愛與寬恕的能量上已大幅成長。這意謂著我們都有愛與寬恕、慈悲與接納力。

所以，當妳媽媽願意寬恕……她必須相信，她的能量已經不同於以往了，因為她在最痛苦的時候，勇於面對，將自動帶領她到達一個全新命運的轉折點。走到這裡，妳媽媽就會知道生命要教會她的事了！」

成為真女人——回到愛自己的旅程

「小言，接下來要告訴妳的事，妳一定要越早知道越好。這是關於女人一生幸福的祕訣與真理。妳要仔細聽喔！」

這一段話，梅里婆婆握著小言的手，說著：

「女人一生的幸福不在於她遇見了誰、與誰在一起，更不是取決於她的伴侶有多強、有多愛她。很多時候，女人會羨慕另一個女人所擁有的一切，然而這看起來的幸福，是視一個女人內在『真正愛自己的程度』而定。

女人的內在很有靈性，靈性就是一種對生命的接納力。

就像，許多女人都無法接納丈夫外遇的事實，會用『一哭二鬧三上吊』的方式連續折磨丈夫，威脅丈夫與外遇對象做了斷，甚至鬧著要自殺。

這是一個很可怕的能量，會推開相愛的關係。很多女人都不自覺地在這個受苦裡走不出來，因為她們始終不覺得丈夫外遇與她有關，她總是要別人為她負責，卻不想為自己負起任何的責任。不斷地怪罪別人就會成為一個沒有力量的女人。

所以愛自己不是只有滿足外在物質而已，而是完全接納內在的自我、深愛自己。女人的一生充滿無限可能，卻很少人發現丈夫外遇是因為女人不愛她自己。

一個女人不愛自己的能量，就使得她的男人也不愛她。」

「愛自己？難道媽媽不愛她自己嗎？什麼是不愛自己呢？」小言很疑惑。

「一個不愛自己的女人不是只有外表的不注重而已，還有，她不懂得滿足自己，就會活得很不快樂，這是最容易感覺到的。所以她的健康也不是很好，不愛自己的能量是一種毒素，會肥胖、會暴瘦，會產生一些無法增進兩性關係的疾病。不愛自己的女人只會很犧牲地供應家庭，卻利益不到任何人，因為沒有男人喜歡看妻子很犧牲的樣子。不愛自己的女人會有很多情緒，因為她不接受自己所感受到的，她不接受很多的發生。不接受就是一種抗拒。不愛自己的能量是關係上的殺手！如果將我剛才說的畫成一個女人的樣子，妳覺得她美嗎？」

「您說的就是我媽媽啦！」小言拚命搖頭地說著。

「生命是很有意思的！它總是幫每一個人走回愛自己的道路上，就是因為女人不愛自己，她的男人就在外遇裡讓她領悟愛自己是這麼重要的事。不然，女人何時才會學習到愛自己是如此重要呢？可是一般人往往忽略外遇有這樣一個重要的意義。」

「梅里婆婆！如果媽媽開始愛自己了，爸爸會回頭愛她嗎？」

「小言，如果妳媽媽開始學習愛她自己，妳爸爸的任何決定都已經不重要了，因為她會明白愛自己不是委曲求全，也不是強勢地要求分開，而是當她愛自己，就會出現一樣愛她的能量與男人出現。至於是妳爸爸或是誰？一個深愛自己的女人會自己選擇了！」

「您是說，媽媽也可能愛上別人？我會多一個繼父？」小言為這種複雜的關係而慌張了起來。

「有很多的可能，只要妳爸爸媽媽真心談過後，她會知道愛自己就是接受的開始，於是她開始接受妳爸爸外遇的事實、接受他想繼續與外面的人在一起，或接受他的道歉，重新回到相愛裡，而妳媽媽也可以問自己的心要如何選擇。

總之，一個愛自己的女人不會因為一個傷害而不再相信愛了，她會繼續相信愛，繼續回到愛裡，這很重要。

如果妳爸爸媽媽分開了，妳會不會希望他們各自回到愛裡，擁有快樂的關係呢？」

「我想……」小言釋懷地說著：「他們能夠快樂地做自己最重要了！」說完後，她心中好像鬆了一口氣。

「當年轟動一時的作家蕭颯寫了一篇〈寫給前夫的一封信〉，道出當時導演張毅與明星楊惠珊的婚外情。不難理解當時三人的糾結很深，這是典型的外遇。後來，張毅與楊惠珊一起投入琉璃藝術的創作研發，開始不對應外界的批評，齊心在琉璃工坊創作長達二十年。蕭颯勇敢面對自己、寬容對待婚姻，與楊惠珊為愛內斂低調的勇往直前，兩個女性都是做自己、愛自己的最佳典範。她們穿越自身的苦與痛，都被重新賦予新意義的人生了。

愛自己是女人幸福人生的光明指引，更是男人回歸家庭的一盞明燈。當一個女人真心接納自己、做自己的時候，就會有相同頻率吸引愛的到來。妳媽媽會有智慧地選擇該放手或抓緊幸福，那是因為她已經不再怪罪任何人事物了，她不會因為任何打擊而喪失對自己愛的篤定，她會讓自己徹底學會接納就是自由！

同時，她的孩子將有更大的寬容去看待爸爸的外遇，孩子會因為他們的態度，相信苦難是生命中的一道祝福了！」

「嗯！我相信這是一個很有意義的發生了。」

小言和梅里婆婆不約而同地笑了起來，充滿溫馨。

「現在，妳需要給媽媽一份資料，這是關於女性在婚姻中面對丈夫外遇之後，有很多求助管助與協助團體的資訊，請帶回家給媽媽參考。」註④

---

① 來自印度合一大學創辦人SriAmma & Bhagavan的主要教導。

② 羅布・普瑞斯（Bob Preece），為《容格與密宗的29個覺》作者。

③ 此份「夫妻溝通重點」是就男人外遇的情況而言，關於女人外遇，請參看本書一七〇頁。

④ 關於「求救管道與協助團體資訊」，請參看本書二〇二頁。

第3章 每一個爸爸都會外遇嗎？

不同於以往的是，小言滿心期待著放學時間趕快到來，好去見一個令她感到溫暖的人——梅里婆婆。

甚至，小言覺得自己是為了媽媽來學習的。媽媽昨夜突然有一點不同，這是爸爸外遇這一段時間以來，比較正常的一天，她竟然打電話給爸爸，語氣不帶責備地問爸爸要不要回家吃飯，她做了一桌菜。

爸爸公司好像很忙，說要跟客戶吃飯不回來吃……。而且還是沒有回家睡覺。後來媽媽把所有飯菜都倒進垃圾桶了。真不知道爸爸到底在想什麼！難道他看不出來媽媽想改善關係嗎？

於是，小言放學後立即趕到梅里婆婆工作室。

「小言，昨晚妳媽媽有沒有好一些呢？」梅里婆婆端了一壺茶出來。

「梅里婆婆，媽媽昨晚做了一桌菜，爸爸還是不回家。後來，媽媽生著悶氣，我看了很難過。媽媽想為他們的關係做一些改善，為什麼爸爸就是不領情呢？難道爸爸真的不想再與媽媽在一起了嗎？」

「唉！這是因為妳爸爸現在還不知該如何面對整件事啊！他需要一些時間的。小言，那妳自己好不好呢？」梅里婆婆這次準備了點心，她自己也吃了起來。

「睡不好，心情很亂。我這個月的月經來了兩星期了，現在都還在流血。我不敢再煩媽媽，所以沒說。老實說，我真的好害怕，怕我們家會這樣沒有了，弟弟年紀還那麼小，我不要成為單親家庭。梅里婆婆，請您告訴我，是不是每一個人的爸爸都會外遇呢？如果不是，為什麼剛好是我爸爸？」小言又眼眶泛紅了。

「孩子，真是可憐你們了。讓我摸一下妳的肚子，好嗎？」

小言看著婆婆將手掌放在她的肚子上，閉起眼睛，開始細細唸著許多聽不懂的話，彷彿是咒語之類的，小言很自然地閉上了眼睛，突然覺得肚子裡有一股溫暖的氣流正在轉動。

幾分鐘過去了。

「小言，這兩天妳就不會再出血了……」梅里婆婆又叮嚀著：「還有，記得多喝溫水喔！」

這是一種很奇特的治療，小言因為從來沒有見過這種方式，難免有點害怕，然而心中卻又有一種特別的平靜。

「小言，妳知道嗎？」梅里婆婆從抽屜裡拿出一疊比撲克牌稍大的紙卡，突然問她：「妳媽媽也會這樣問自己，為什麼是我丈夫有外遇？」

「妳從中抽出一張來吧！」當梅里婆婆洗牌後，對小言說道。

小言抽出其中一張牌，寫著：

瓦解——是另一個重新創造的開始。

「小言，妳知道這是代表著什麼意義嗎？」

小言搖著頭，對她來說，這太深奧了。

「每一件事情都有可能變得更好，但不將原來的模式瓦解，要如何重新創造更好的呢？」

「我媽媽必須知道，」小言突然開竅似地說道：「她和爸爸之間的關係要重新建立起來，就必須將舊關係瓦解，是這樣嗎？」

「小言，妳很聰明。無論結果是什麼，瓦解之後自然有機會誕生新的可能了。無論是一份關係，還是一個習慣，或是創造任何事物都是一樣的。」

「我懂了，媽媽必須放手接受爸爸外遇的事，對嗎？」

「對一個女人來說，談論接受是容易的，而真正去做卻是很難的，就因為困難，使得這會成為非常寶貴的一個過程。妳媽媽要開始面對丈夫外遇以前，他們之間的關係狀態與問題，然後就會知道為什麼是她的丈夫外遇了！這包括她會明白外遇的男人到底都在想些什麼。丈夫會外遇的女人，其實是一位即將被開啟智慧的女人，是老天冥冥之中對她重新創造的一個過程。」

小言若有所思地點頭，真希望自己快一點長大成熟，好幫媽媽找到答案，這樣就能讓媽媽不再受苦了。

「小言，哪一些過程使男人特別容易外遇，妳想知道嗎？」

「當然想知道！」小言的眼睛睜得好大，宛如即將揭開宇宙大祕密般興奮，問道：「可是，為什麼是『過程』使男人外遇呢？」

「小言啊，每一個人其實都是透過一連串的過程，才會成為現在的樣子。我們往往很難理解人們的行為，卻會在他們經歷一連串的過程裡，看見他們為什麼會如此這般。這就是我們所要去知道與了解的部分。」

「我有點懂了，爸爸不是生來就會外遇的，一定是一連串的過程，使得爸爸外遇了……可是，這樣一來好像犯錯的人又可以不必負責任了！」

「越了解事情的過程，就越能轉化事情結果！這是一份來自生命，給丈夫外遇的女人之教導與禮物。」

看著小言拿出本子，準備要做筆記的樣子，梅里婆婆頻頻點頭。

「是的，這是女人在學校與家庭裡，沒有人會教導的一堂課，是關於愛的關係的課程。我帶過很多兩性關係的工作坊。現在就開始進入我的課程，讓我告訴妳哪些過程讓男人外遇了。」

事業有成的爸爸外遇了

「首先，當事業有成後，男人就有機會外遇……」

「為什麼事業成功了，還要外遇呢？」小言忍不住插話。

「這可以從我們整個文化背景與歷史上看得出來，過去尚未有一夫一妻制之前，是以父權社會為主。一個家庭裡有大媽媽、二媽媽是很正常的，員外娶三妻四妾也是常有的，那個時期妻妾成群的男人很多。男尊女卑是當時時代背景的婚姻關係，越是有地位又富貴的大戶就越多妻妾，好不熱鬧。

到了現代，除了少數國家與民族還維持一夫多妻制，幾乎都進化至一夫一妻的婚姻制度。不過，制度是建立在維護社會的平衡，即便至今，仍然有些非常有地位的人擁有多位妻子。這其中的故事因人而異，卻刻劃出男人在這中間所扮演的角色是多麼不易。」

「既然不易，」小言嘟著嘴，說道：「何必要那麼不滿足呢？」

「男人的心理需求最重要的是成就感。因此，當男人在事業的成就上努力，就很難有滿足的一天。最常見的例子就是妻子與丈夫白手起家，胼手胝足一起創業，然後男人不斷地突破現況，要為更好的願景打拚、擴大事業的版圖。

就因為如此耗損能量的奮鬥，從不停歇，造成男人多半是精疲力盡的，卻又不得不繼續衝刺，矛盾又疲憊的身心足以令他癱軟無力。回到家後，男人會希望他的女人不只要顧好孩子父母而已，還要能分擔他心中的壓力，他需要更多力量來證明存在的價值。所以他希望他的女人同樣有這份耐力與衝力，好好照顧他、服務他，並且裡裡外外都能協助他。」

「哼！男人果然野心很大呢！」

「成功男人的外遇對象，往往是在事業上與身心上有很大輔助能力的，或是擁有某種特別能力的女人。

成功的男人需要妻子，也需要能談得來的女性朋友，通常很少妻子同時具備兩種能量。除非女人打開內在傾聽的能量，願意傾聽男人說話。

偏偏多數女人與男人在一起時，不喜歡傾聽，而喜歡一直說話，所說的話又多屬於『感覺情緒』或『抱怨模式』，男人通常只負責去聽到、做到、知道，除此之外，沒有任何空間可以訴說他真心想說的。」

小言邊做筆記、邊偏著頭回想，爸爸媽媽之間，好像也是這個樣子。

梅里婆婆會心一笑，繼續說道：

「事實上，兩性關係在人類行為學上有著『共伴效應』，越成功的男人和女人，都希望另一半一樣具有成功能量或新鮮活力，成功女人共伴著成功男人的效應是很有威力的！然而，很弔詭地，夫妻又不能同時都很強，因為男人要的不是女人很強，而是能夠服務他的生命，又能協助他事業的女人。」

「男人真是矛盾啊！」小言不禁給了這樣的評語。

「最有名的例子，就是某企業董事長有好幾個妻子，其中以第三個妻子最得董事長的心，家族稱她為『三娘』。一年一度的企業運動會、大型活動，被帶出席的都是三娘。全公司的人都知道三娘是最懂人心、最體貼，又最能顧全大局的女人。當然，三娘總是打扮得體，賢淑端莊，隨時打點與陪伴董事長的模樣，都被媒體鏡頭清楚地記錄下來。

直至董事長生命的最後一天，也是三娘在身邊陪伴與照顧。

許多事業成功的男人，越來越重視內在涵養與心靈品質，所以成功男人的妻子也一定要有內在涵養與心靈品質，而不是只會買名牌。他們都需要女人有一種質地與能量，能與他的成功和地位相當，因此喜歡商場上的女性領導，在一起談事情就覺得舒服，這是一種寄情於身分的投其所好。

如果妳爸爸有外遇，他剛好又是事業很成功的男人，妳不難明白這個成功的男人回到家時，需要一個什麼樣的女人呢？

這裡不是要指責成功男人家裡的妻子做得不好，而是說，這樣的男人心中有更深的缺口渴望被滿足。他們的心往往是空虛的、寂寥的，這也是**人類在追求成功財富後，會發現內心真正需要的，卻不是只有成功財富而已**。

為了讓事業有更好的發展，而大量應酬與交際，男人做得越多，越感到空虛與寂寞。不能休息又不能倒下，身心絕對疲累無法宣洩，唯一讓他有活著的感覺，竟然是另一個不小心外遇的觸碰，所以就犯下全天下男人都會犯的錯了。」

「什麼全天下男人都會犯錯的理由嘛！」小言實在無法接受。

「妳還會怪他嗎？在他的心中只思考一件事，什麼是成功的人生？除了事業成功，另一半也要帶來成功的『Fu』（感覺），但不是每個成功男人背後的女人都有很精進、很成功的頻率。甚至這個女人並不知道成功男人已經和以前不同了。除非女人有生命目標，很有活力地給他更多的愛，否則一定會出現一個外遇角色來填補成功的缺憾。

這樣過程的男人，他外在如此成功，內心卻深深感到空洞與不足，匱乏和焦慮、恐懼和壓力，所以需要另一個女人來補強妻子所沒有的。」

「當男人事業成功就不要原來的家了嗎？」

「不，事業成功的男人是不容許別人知道他外遇了，也不打算離婚，離婚對他來說象徵失敗，別忘了，他要不斷地成功才行。

當成功男人的外遇對象經過一段時間後，如果沒有帶來更成功的感覺，他還會再遇到另一個女人，繼續外遇的。**這是內心非常失敗的狀態，外面就會不斷地創造**

著失敗。對成功有上癮的男人，就越吸引外遇的發生。」

「梅里婆婆，我爸爸算是有些成功吧！總覺得您說的好像就是我爸爸！他常說他的助理很優秀什麼的，如今他們已經在一起了，那麼，媽媽該怎麼辦？要繼續和爸爸耗下去，還是乾脆離婚算了！」

「別急著做任何決定。焦躁都是來自不和平的情緒，在這時候所做的任何決定，都會不夠理智。事情確實要面對與解決，但不是像揮大刀般亂砍。妳先靜下來，呼吸幾口新鮮的空氣，繼續聽完我要告訴妳的，就會明白該如何走出下一步的！」

小言不發一語，靜靜地聽著梅里婆婆。

失意與挫敗的爸爸也外遇了

「當生命陷落時，有很多原因讓男人走進低潮期，尤其是工作和事業的挫折。沒有動力又沒有希望感，甚至遭到妻子的冷嘲熱諷，或無情的數落。這麼大的挫敗感如果沒有家人朋友的鼓勵與支持，男人將無法再站起來繼續為生命出征。

曾幾何時，社會定義著男人要比女人賺得多才有尊嚴，如果沒有，就代表這個男人沒出息。許多女人覺得丈夫沒用、不會賺錢，自己還必須扛起家計，每每下班後已疲憊不堪，又要張羅孩子吃飯、做家事……於是不會給孩子的爸爸好臉色。到夜裡，男人想碰碰妻子都會被嫌惡。長期下來，這個家就出現一種很怪的氣氛。有些家庭的爸爸連工作都沒著落了，在家裡待著，根本不事生產。」

「這樣一來，這個爸爸就不會有外遇的機會了，對嗎？」小言很天真地說道。

「妳很難想像這樣沒用的爸爸，有一天也外遇了……」

「咦？」小言露出不可思議的表情。

「沒錯，這將會挑起家庭裡更深的痛苦，沒想到這樣不如意、這樣讓家人有點嫌棄的男人，竟然也外遇了。

『他憑什麼外遇？』這是很多犧牲奉獻的女人會問的：『都是我在養這個家，他怎麼可以對不起我？他知不知道他有多麼對不起我啊……』

於是，這個身心挫敗的男人找到一個願意愛他的女人，就會不顧一切地不回家了。因為這個家早就容不下他的尊嚴。

多數的現代男人都很孤獨，特別是在工作與事業上沒有得到更好的發揮與發展，讓他們卡在一個很無聊又沒有目標的困頓裡。最殘酷的是他們必須面對自我的沒用與批判，以及妻子一開口就施加責任與金錢的壓力，這些是足以讓男人喘不過氣的強大壓力與自我詆毀。這個也許昔日很有才華的男人，也許過去事業成功後來卻失敗的男人，再如何強大的自尊都不敵社會壓力與家庭經濟的摧殘。尤其夜晚沒有任何情感的支持與安慰，這樣的苦悶與鬱抑，就會在性方面尋找壓力的出口。

於是，男人與菸酒為伍，試圖釋放自己的壓力與挫折感。然而有菸有酒的日子只會讓心情更加沉重與挫敗，苦到了底，想哭卻哭不出來。男人只想得到安慰與鼓勵，卻不知道該如何得到。事實上，他的能量已經低靡到有自殺的可能，有的男人甚至經常發生意外車禍或受傷，是相當危險的過程。

這樣的男人非常多，都需要家庭的力量讓他們重生。也只有妻子的愛足以讓他再站起來。如果有一點安慰與鼓勵會不會就此改變呢？他們要的是否只是妻子與家人對他永不放棄的鼓勵與支持……

所以，這股驅動力與過程，就會創造了另一個的女人來愛他。愛上這個挫敗又失意的男人。」

小言想像著這個失意又挫敗爸爸，接下來會發生什麼事？她不自覺地搖頭。

「妻子的不甘心會讓整個事情變得很無助混亂。其實，妻子有一半的心早就不要這個男人了，因為心中長期的不平衡，她只看到這個男人對她與家裡的不負責任，換句話說，妻子變得很愛計較錢。所以男人在最低潮的過程，妻子從來都不問他的需要是什麼，於是夫妻疏離，儘管住在同一個屋簷下，卻沒有感情。

這樣的男人像個不被愛的小男孩在找媽媽，然而他已經不能回去媽媽那裡討愛了，因為自己已經成家，不可以再讓媽媽擔心……

這個小男孩孤獨地在生命裡流浪著，沒有成就又沒有目標動力。如果這個失意的男人是妳的孩子，身為媽媽的會不會用盡心力幫助他站起來？如果是自己的孩子暫時陷落挫折，女人會覺得他永遠沒出息嗎？

所以，是誰讓這個暫時失意的男人失去了力量，失去了男子氣慨與魅力，又讓他回不了家？」

「身為妻子的媽媽！」小言不禁脫口而出，卻被自己的這個答案嚇了一跳。

「除非看到男人的苦是一種對愛的需要，妻子才能真正地給出愛與力量。

一個真正的男人是誕生在妻子的愛與支持中！

在電影《陪你到最後》裡的男主角，他不是工作陷落的失意男人，卻經驗著妻子罹患乳癌的過程，從化療的落髮到乳房的切除，以及一連串面對死亡恐懼與分離，使這個男人不斷地外遇。

這部電影很深刻地描繪出男人不是真的要外遇，是他內心的壓力衝突與恐懼害怕、以及對妻子的愛與糾結，無形地刺激著一股性外遇。每當他妻子癌症復發越嚴重，他的恐懼與壓力就越想與外面的女人做愛，而他的心卻總在瘋狂做愛後崩潰。

男人其實就是一個小男孩，他們需要愛他的女人像媽媽般包容，然而一連串得不到愛的過程，使得他們對愛已經無法分辨是非對錯了。**愛是無關對錯的需要，男人越是挫折就越吸引著外遇。**

「我同學美玉的爸爸就是這樣子……這種爸爸很糟，已經不會賺錢養家了，還替家裡帶來那麼多痛苦，還好美玉的媽媽已離婚了十年。」

「小言，**千萬不要用男人賺錢多寡來定義男人的可能性**。江爺爺也曾經失意失敗過，我們有一段很慘的過往……」梅里婆婆眼神裡充滿柔情地說道：「如今我們深愛彼此，我們現在過得確實很豐盛，因為一起走過這些過程，我們相信更好的可能性是存在的。」

「梅里婆婆，您是不是反對離婚呢？還是，您覺得無論夫妻發生什麼事都要合不要分呢？」

「喔！親愛的，當然不是，妳要知道，每一個人如何認識自己，比如何做決定更重要太多了。妳要永遠記得，分與合都只是過程而非結果！」梅里婆婆挑了一下眉，非常俏皮的模樣。

沒有性福的爸爸外遇了

「接下來，是兩性關係裡最重要的關鍵了。」梅里婆婆邊說邊脫去她的小外套，裡面竟然穿著小可愛型的背心，教人不難看出她的傲人身材與姿色。

「梅里婆婆！」小言指著梅里婆婆的左手臂，少見多怪地說：「您有刺青耶！」

「喔！這是我四十歲時送給自己的紀念，紀念著我要永遠愛自己。」

「我媽媽不大愛打扮，」小言搖頭說著：「以前爸爸還沒有外遇時，有一次我偷看到爸爸要親她時，她把爸爸推開了，說她今天很累……」

「在兩性關係裡，男人與女人的身心需求大不相同。因為神經腺體的不同，女人的內在是豐沛多元的能量，對心靈層次比身體層次更重視、更努力，一旦心靈充滿了愛，女人才可以享受身體做愛的過程。

男人就不同了，他們很簡單，腦內神經的腺體迴路使得他們單純到妳無法想像的地步，他們對愛的連結確實只有兩個：性的歡愉，以及強烈自尊的被認同。

這形成一個特別不協調的過程，不知道是男人該再多些力氣，讓女人多元心思裡充滿愛的感受，才能享受到女人的性愛；還是女人必須接受，只要給男人很多尊嚴與歡愉的性愛，就會成為他的女王了。

夫妻最大的問題是，女人都將情緒帶進房間，以來懲罰男人的不夠好與不體貼。女人多半的情緒都是來自沒有完全溝通順暢的怨憤。女人喜歡溝通完後才能感覺良好，感覺良好才能有性愛。已婚女人漸漸在性生活的條件尺度變得孤高。當然也有非常多的原因讓女人不想做愛，很可能是丈夫不夠體貼或錢賺得不夠多、有公婆的問題未被支持與處理、對於家庭與孩子的煩惱很多等等……女人會將這些議題一併裝在心中，帶上床。而男人就不同了，他們可以剛和妳吵完架，然後就激情地與妳做愛。

妳想一想，這樣一來，在女人那麼多的情緒下，他們會經常做愛嗎？」

「嗯……」小言難為情地搖搖頭，說道：「應該不會吧！」

「是絕對不會！」梅里婆婆的答案堅定十足，繼續說道：「不是男人有什麼性問題，是女人要明白性愛在男人心中有多重要！以及性愛在兩性關係裡扮演著有多麼重要的地位！」

看到小言泛紅的臉頰，梅里婆婆露出慧黠一笑，隨即溫和地說道：

「當女人不給丈夫性愛，自然就有女人給他。妳不能罵他們的性是低賤的，因為乾柴遇到烈火是自然的事。這是內在性能量的啟動，與道德無關。這不是說人可以與任何人做愛，而是這個性能量交流的權利本來是屬於妻子的，但妻子不重視性愛，男人就會有性愛的機會。所以，女人應該思考：是什麼讓自己既抗拒做愛又抗拒性愛的生活？」

梅里婆婆停下來，啜飲一口水，然後慢慢吞下。

「在我的個案裡，這是一個很深的發現。女人對性的認知與是否曾受性侵害有關。往往受過性侵害的女人，對婚後的性生活都有某種程度的抗拒與不喜歡，男人當初並不知道她對性是抗拒的，直到婚後還是如此，丈夫就會非常介意。而對於性的認知也可能來自被教育或覺得性是骯髒的有關，這都是女性需要被治療與引導的重要過程。」

梅里婆婆這一番話都是小言在課堂上不曾聽過的，難怪，很多人都說現代的兩性關係教育不健全。隨著梅里婆婆的話，小言時而搖頭、時而點頭，然後又拚命地做筆記。

「不過，我的個案裡也有所謂的第三者女性，她們對性是開放、敞開的，確實讓男人為之著迷，但她們卻對自己在性愛中的評價非常低下，因此總得不到一份真愛，也遇不到一個願意負責、願意娶她為妻的男人，這些女人總是遊走在男人對她們只有性愛需求的階段上，並深受其苦。

性愛帶出很深遠的生命議題，絕對不膚淺。性愛是非常神聖的交流管道，真正做愛是會完全療癒自身的情緒與阻礙！

只要在每一個夜晚，讓男人能感覺到妻子沒有抗拒他的性愛，這將會是個最美的開始了。

當然有夫妻的性愛品質穩定，但丈夫仍不停地搞外遇，這樣的個案多數是男人心理上有性的迷思尚未被清理與療癒。他們只是對性上癮，而不是玩真的情感外遇。身為這樣男人的妻子，必須有很大的包容力與智慧，才能陪伴男人面對這個上癮的無助。」

「梅里婆婆，我們班有一些同學都已經和男朋友發生性關係了，這樣好嗎？」小言不解地問著。

「現在的孩子身心都早熟，但我覺得女人要懂得保護自己。在沒有弄懂自己愛不愛時，就不要嘗試性。又如果感覺到愛了，在很激情的時刻，女生一定要保護自己，做好保護措施，這是很重要的。」

在家是隱形人的爸爸外遇了

梅里婆婆突然盯著小言瞧，問道：

「小言，妳有喜歡的人嗎？」

「有……」小言害羞地說：「不過，他好像已經有女朋友了，我時常看到他們在一起。」

「他知道妳喜歡他嗎？」

「他根本不知道有我這個人，」小言沮喪地說著：「對他來說，我可能是一個隱形人吧。」

「是的，被當成隱形人是很苦的過程。有一種爸爸就像是隱形人，然而，有一天隱形爸爸也會外遇的。」

梅里婆婆傾身又倒了一杯茶，然後說著：

「當妻子的生活重心、專注焦點不是擺在丈夫身上，這個男人就自動被隱形了。通常是因為妻子生了孩子，或是將重心擺在事業上。

很多男人都是第一個孩子出生後才外遇的。

兩人世界自從有了第一個孩子後，妻子就專注在孩子身上。從坐月子開始，妻子就有足夠原因將寶貝放在他們中間，因為餵奶比較方便、哄孩子比較方便，孩子總是半夜哭鬧只好抱著，剛好睡到兩人之間後，便習慣了。

最後男人只好投降，自己睡到床下或另一間的床上，他們分床是因為有『正當』原因，因為他們的孩子降臨了。」

「有了孩子，爸爸就會不快樂嗎？」小言皺皺眉頭想，難道自己是爸爸外遇的間接推手。

「無論他們有沒有再生第二胎，妻子的心思從此就離不開孩子了。以前妻子會買衣服、買禮物給丈夫，現在購物都是為了孩子。這些都還好，她知道丈夫不會在意。於是漸漸地，她做任何事的第一順位都是孩子，有時忙不過來時，就冷落了第二順位的人。

回頭一看，男人多了一個人來瓜分妻子的愛與關懷。

甚至連男人的父母都需要妻子伺候，妻子邊照顧孩子、邊忙著公婆，如果白天還忙著工作，那麼，男人連第二順位都不是，已經不知道被丟到哪裡去了！

另一種狀況是妻子的重心擺在事業與工作，相形之下，妻子像個女強人，白天工作、晚上回家也工作，在外工作，回家後又繼續工作。時間一久了，她的作息和丈夫不同，她累了早早上床，他一個人看電視到半夜，再不然就是她應酬、加班至深夜，他卻一個人顧家。

這個隱形人被忽略了，當然每天到了夜晚還得消化自己的壓力與愛的需要……這是很多隱形男人的悲哀。」

「但是，媽媽真的很辛苦啊！」

「沒錯，女人也覺得很犧牲。因為女人做的每一件事都是為了家庭、為了愛。但是，對男人來說，這是她選擇忽略丈夫的方式，男人需要被愛、被關心。

直到有一天，這股驅動力蠢蠢欲動後，就會召喚一個外遇的發生，終於讓隱形男人重見天日，彌補長期以來被隱形的空虛，同時藉此讓更多女人知道愛孩子與工作，不是將自己與他們綁在一起，而讓丈夫成為一個遊蕩在外的幽靈。」

「梅里婆婆，為什麼女人要藉由顧孩子或忙碌於事業，而將丈夫隱形了呢？」

「因為有一個苦是來自她心中的不滿。她以為是以另一種方式來表達自己對丈夫的不滿。這個心中的不滿是來自於女人原生家庭裡母親的苦。

她的母親一定是個不快樂的女人。母親有很多悲哀是她從小就知道的，看起來像是父親帶給母親的苦。所以在女人懵懂的歲月裡，有一位不快樂又辛苦的媽媽在訴說著一種不滿，那是無語問蒼天的一種憂苦。這股驅動力就變成女人在婚姻裡的忙碌與不滿，這個驅動力也會將丈夫變成那個不滿的來源。

然而，事實是，那是一個久遠的記憶，記憶裡，有一位女人很想幫助卻永遠幫不了的另一個女人——母親。所以，從外遇看見了女人自己，從自己也看見了父親和母親相愛的關係。」

外遇是媽媽造成的嗎？

「這樣聽起來，這些爸爸會外遇，都不是他們自己的問題！」小言很疑惑，甚至有點動氣地問：「那是誰有問題啊？是媽媽，對嗎？為什麼不是奶奶和爺爺呢？」

「妳說對了，小言。」梅里婆婆像是安撫著她，繼續說道：「男人外遇不單是他一個人有問題，還有很多原因與參與者。這些人確實都扮演著或多或少的原因，其中有爺爺奶奶、外公外婆，還有來自你們孩子問題。但最主要的原因是：沒有人教導與陪伴著男人，去克服心中需要愛的不安與恐懼。男人的需要是與生俱來的正常需要。男人需要成功、需要有地方支持著他，需要被理解被釋放壓力，需要女人的愛與性的連結，這些都只有一個人可以做得最完整，那就是妻子。

問題就出在為什麼妻子也給不出來了呢？因為妻子需要的也正是丈夫所需要的。所以現在的問題很棘手，夫妻雙方都需要對方的愛，請問誰要先給出來呢？」

「我覺得男人本來就該先給出愛！」小言很確定地回答著：「這是責任問題，媽媽是這麼告訴我們的，男人要先懂得付出，女人才願意奉獻。」

「小言，妳會發現當我們覺得是對方要先為我們負責時，我們已經失去愛的立足點了。當愛的立足點不在了，愛就成為彼此的盾牌，對抗著彼此的心。

在愛裡先無條件負起責任的人，就是愛的使者。許多不可思議的過程，都來自有一方先無條件地給出了愛與寬恕。妳想成為關係裡愛的第一使者嗎？這個答案會是一個女人幸福的指標。」

「我要成為一位愛的使者，我會是一個幸福的女人，所以我要先給出愛！我一定會是先給出的人！」小言信心滿滿地說道。

「很好！但是，現在更困難的是爸爸外遇了，深深刺傷了也需要愛的媽媽，更重要的是他們該如何面對與處理，外遇的是爸爸，他有何打算？而妳媽媽又該如何繼續面對或自處呢？除了愛需要去明白之外，還必須有更多的療癒與意義誕生，這才是一個很美很有意義的過程。」

「梅里婆婆，並不是所有的人都知道這些過程與您所謂的療癒，若沒有處理妥當，會出什麼樣的問題嗎？」

「我有一個個案，她剛離婚，來找我時，很沮喪、很自責。她的女兒才五歲，離婚後她決定搬出去，租一間小套房。因為她要上班無法照顧孩子，所以，在沒有對孩子說清楚的狀況下，就讓女兒平日跟著爸爸，假日才找媽媽。一年過去了，女孩的幼稚園老師發現她有行為異常，請媽媽協助去看心理醫生，原因是女孩會在上課中突然大哭，然後尿濕褲子。這個女孩本來會自己上廁所的，卻在每天某個時刻突然異常。

後來，經過心理醫師治療後，發現女孩哭的時候都喊著：『媽媽不要走……』我第一次見到這個女孩時，她的眼神充滿害怕，手一直抓著媽媽而都不玩玩具，怕一鬆開，媽媽又要走了，就要隔一星期才能見到媽媽。

這就是創傷，孩子無法突然適應關於爸爸媽媽分開的發生。因為在沒有與孩子溝通的情況下，他們的安全感就被拿走了。有的孩子透過爺爺奶奶、阿公阿嬤隔代教養，妳能想像，若是有婆媳問題，奶奶會如何告訴孩子？聽到最多的恐怕是『你媽媽不要你了啦！』『你看，她都不來看你、不來接你了……』之類的，讓孩子知道那是很可怕的過程，這實在是需要被導正的一件大事。」

近來遭遇爸爸媽媽的問題，小言對這些孩子特別感到心疼，每當想起六歲的弟弟時更是如此，她失聲地問：「孩子難道不是無辜的嗎？」

「再沒有任何事，比終止我們傳遞受苦的模式給孩子更重要了。」梅里婆婆點點頭，表示同情與共感。

隨後，梅里婆婆握著小言的手，繼續說道：

「我另一個個案，一位因憂鬱症受苦的女性，很年輕卻患有多種婦科疾病，她的憂鬱症是來自感情問題。她的男朋友一直周旋在她和另一位女性朋友之間，很長一段時間因為男朋友沒有固定工作，她必須供應他生活費。許多朋友都勸她不要繼續和這個男人交往，她卻離不開他，一直覺得這個男人是真心愛她的，卻無法解釋為什麼他有其他女朋友，甚至還會和另一個女人過夜。

過程中，她提及這種非常不舒服的感覺，最早是小學三年級時，她父親外遇，甚至會在白天將外遇女人帶回家做愛，他從不對她解釋這些過程，只要她叫對方阿姨。母親下班回來總是一身疲累，憂愁滿面地做家事、煮晚餐，有一次她對母親說看見阿姨來家裡，當晚，母親就跳樓自殺了。

崩潰至今，都沒有人告訴她，為什麼父親要這樣，而母親就這樣走了。她漸漸長大，好像身上中了一種毒，以為靠著性就能抓住男人、犧牲就能留住愛，但又有一種死亡陰影在呼喚著她，使她不斷地生著各種怪病……並且吸引到這樣的一個男人。」

「真是悲慘的故事。」小言深深為這個世界上的不幸而嘆息。

「當我幫她與母親連結時，她在心中聽見母親說，如果時間能倒轉，她一定要告訴女兒，當初是多麼不愛自己，所以用犧牲的方式假裝看不到丈夫外遇，也不想對孩子說明這一切，因為她希望孩子不要像她這樣……結果就選擇逃避，一走了之。」

「沒想到，她的女兒還是走著相同的感情路。」小言如此評論著，彷彿是大人的口吻。

梅里婆婆微微點頭，繼續說道：

「於是她清除了這個記憶裡痛苦的延續，她知道要愛自己了。後來她將那個不重視她感受的男人放掉了，結果他卻突然開始改變，哀求她復合，並且已和另一個女人分開，只為了能夠喚回她的愛。」

「為什麼有這麼大的轉變呢？」小言問。

「當一個女人開始愛自己、面對自己時，就能改變一切的結果。記住！讓傷害降低的最好方式，就是爸爸媽媽要一起面對面與孩子溝通，絕對不能缺少任何一方，這是非常重要的面對時刻。」

太陽早已下山，小言不知不覺與梅里婆婆聊到了七點。待手機響起，媽媽催著小言回家，小言在電話裡告訴媽媽，說今天要給她一份生命的禮物。向梅里婆婆致謝後，小言準備離開，滿心期待地要回家給媽媽看今天的交談筆記。

—第4章—

重新創造幸福的下一步

星期五早上十點，台北街頭已經充滿週末的喜悅與熱鬧。梅里婆婆在花市買了幾朵蓮花，這是她最愛的花，寧靜、純潔，又代表著一種正面的力量。

當梅里婆婆走回工作室時，發現有一位身形消瘦的女子在門外徘徊，看見梅里婆婆開門時，她立即上前詢問：

「請問，您是梅里婆婆嗎？」她看起來非常憔悴。

「我就是。妳是……」

「我是小言的媽媽，」她勉強擠出一絲笑容，回答說：「您可以叫我英文名字Eddy。」

「進來聊！我其實一直在等妳。」

Eddy眼眶紅了，她知道自我療癒的時候到了。

「為妳進行療癒之前，我們先聊聊有關妳現在的決定。」婆婆倒了一杯茶給她。

「我們都談過了，小言的爸爸向我承認他確實與助理在一起一段時間了，也承認他動了真感情。」Eddy泣不成聲地繼續說著：「不過，他請求我的幫助，說他真的不想離婚，他不想讓這個家就這樣散了……但是他怎麼可以這麼自私！他太不負責任了！這對我的交代又是什麼？他完全回答不出來。」

鼻頭稍微抽搐後，Eddy又說道：

「所以，我決定要離婚了，我很認真地看完小言在您這裡習得的筆記，真的幫助我很多很多的過程。這幾天，我一直思考著您教導小言的，開始發現我有多麼不愛自己，竟然創造了一個傷害我的男人來到我的生命，我很不甘心，真的。」

梅里婆婆請Eddy先閉上眼睛，深呼吸，回到心中的寧靜。

幾分鐘過去了。

「所以，妳希望分開，這樣心才不會痛苦，對嗎？」梅里婆婆輕聲問道。

「我知道分開也是一種苦，」Eddy的眼淚沒有停過，悠悠地說出：「因為是我的心有恨！」

「怎樣才沒有恨呢？」

「不要發生外遇這件事，回到從前，我才不會恨。」Eddy像個孩子一樣無助。

「原來是妳在抗拒已經發生的事實。抗拒本身就是一種苦啊！」

隨後，梅里婆婆拉起Eddy的手，在心中對她給出祝福後，繼續地說著：

「如果妳現在已經可以完全接受這個外遇的事實，妳覺得是因為明白了什麼？」

「我不知道……」Eddy完全就是個孩子，拒絕看見內在確實有一股力量在引導著她。

這並不是療癒的過程，梅里婆婆卻極其耐心地追問：

「如果妳知道的話，答案會是什麼呢？」

想了很久之後，Eddy說道：

「愛！是因為我明白了愛，我就會完全接受這個發生。」

說話當下，Eddy彷彿連結了愛。

「是啊……愛！當妳明白了愛，妳就會完全接受一切的發生，而當妳接受了丈夫外遇的發生，妳的任何決定都會是喜悅的了！」

「我好希望他回頭愛我，我需要他的愛。可是他現在愛的是別人了，我該怎麼辦？」Eddy回到內心面對自己了。

「所以，妳還是愛著小言的爸爸？」

「我不確定……」Eddy似乎又混亂了起來：「我不確定是不是還愛著他，會不會只是不甘心呢？」

「那先回到現在的狀態來看，妳可以問自己，如果不離婚，妳希望的狀態是什麼？如果要離婚，妳希望的狀態又是什麼呢？這中間的妳是有智慧判斷的。」

「不離婚的話……」Eddy突然發現自己在愛裡的沒有自信，說道：「我希望能一起找回過去的愛。如果離婚，我還是希望他能回頭再來愛我，這只是我的希望，我不確定他會不會再回頭愛我。」

「妳非常勇敢、坦誠地面對自己，那為什麼沒有將妳的想法和情感分享給小言的爸爸呢？」

「因為我一看到他，就想到他和助理搞在一起的畫面，我受不了，我的情緒一直失控在這裡。」Eddy對自己的問題很苦惱。

「穿越這個情緒最好的方式就是：徹底進入那個受不了的情緒裡，完全釋放那個憤怒與痛苦，當妳徹底地經驗心中強烈的情緒負荷時，內在會自動升起一種釋放後的喜樂。還記得我告訴小言的釋放與療癒嗎？待會我會幫妳進行。」

「所以，梅里婆婆，我可以繼續給小言的爸爸機會嗎？」Eddy說出自己真心的想法。

「無論妳的決定為何，都會是對的，只要妳的心處在和平的狀態，就可以做任何決定，療癒就是為了帶領妳到達最和平的狀態。」

現在，Eddy已經準備好為自己徹底地進入療癒過程了。

第二部
關於女人外遇

每一個女人都以為自己有等待的本事，其實女人心中只要沒有愛的感覺，對情感的忍耐期就會是有限的。

第5章
媽媽外遇了

九月底，某個充滿秋意的午後，太陽照耀著大地，一個女人將車子停靠路邊等待車位的出現，這時車內播放的有聲書是關於女性成長系列，主講者的聲音穿透她的心：

身為女人，妳有權利去明白自己的身體，它對妳是完全誠實的。
身為女人，妳有義務去了解自己的心，它對妳是完全信任的。
心與身體從來不會欺騙妳。
但是，妳會欺騙妳自己。
所以，妳的心與妳的身體，會為妳等待與準備。
直到有一天，妳的心與妳的身體開始逃出妳的控制。
瘋狂地愛上一個不能愛的人。

於是，經驗了痛苦轉變為喜悅的一段過程。

更是，解開束縛成為真愛自由的重要旅程。

女人的一生，就是成就愛的一生。

車位瞬間出現，將車子停好後熄火，有聲書被迫在強忍的淚水中關閉。女人強自鎮定，下車後，進入一所高中的輔導室。

李以誠的故事

「你好！我是李以誠的媽媽，有一位輔導老師打電話找我來……」女人的臉色非常凝重。

「李太太，妳好！我是以誠的輔導老師，我姓張。這邊請坐。」

「怎麼了？」以誠媽媽試探地問著：「你們有打電話給以誠的爸爸嗎？」

「是這樣的，以誠開學至今一個月，上不到五天的課，幾乎沒來上學……導師問他，他都說爸爸生病了需要照顧，不方便接聽電話。所以我們也沒有打電話給李先生。有一天導師看到以誠在學校附近的網咖外抽菸，於是導師特別約了以誠來輔導室與我談談。但是，以誠都不發一語，令人擔心。」

「以誠都沒有到學校？」她激動地說道：「那他今天有來上課嗎？他爸爸都不知道嗎？」

「是的，他今天還是沒有來。」老師很技巧地探詢，問道：「李太太，是不是妳沒有和他們同住，所以，妳應該不清楚以誠有沒有到學校？」

「嗯……是……也不是啦，是最近我的工作比較忙，很晚回家，他也睡了，一早我又趕著上班，我以為他自己會到學校，都這麼大的人了。他爸爸應該比我更清楚才對啊……」身為母親，她感到很多的氣憤與無奈。

「沒關係，李太太，請妳來一趟就是想了解如何幫助以誠。」輔導老師客氣地說著：「請你們先和以誠談一談，他在學校是否有什麼抗拒的事物，我們好協助了解是否遇到學習上的問題，總之，麻煩妳來這一趟了。」

「好、好，」以誠媽媽趕著要走了，匆匆說道：「我回去就先問個清楚吧！」

這時，校園剛好鐘響了，是下午第二堂的下課時間，學生們紛紛出了教室，男男女女，年輕活潑、洋溢著無限的可能性。置身校園，以誠媽媽宛如回到學生時代，內心想著：生命如果能夠重來一次該有多好！然而，殘酷的現實卻是她已經是結婚多年的女人，青春不再，歲月無情。

以誠媽媽出了校門，馬上撥了一通電話：「喂，你知道以誠發生了什麼事？你這個做父親的竟然都不知道兒子蹺課快一個月了！」

「妳現在在哪裡？是誰告訴妳的？」以誠爸爸一向口氣冷淡。

「我剛從以誠學校輔導室出來，」以誠媽媽一肚子火氣：「發生這麼大的事，你怎麼都不知道呢？你到底關心過什麼？你到底重視著什麼？你又在乎些什麼了？」

「妳夠了沒？」以誠爸爸總是不太理會另一半：「妳應該問問自己吧！我不想找妳吵架。」

然而，女人的火氣好像永遠散不了似的。

「……」以誠媽媽氣得直接掛了電話。

到底是誰的錯？

當天晚上，以誠約莫十點回到家。一進門，沙發兩端分別坐著爸爸與媽媽，沒有交集地看著電視。

「你今天去哪裡了？」媽媽先開口。

「我……下課後，就去同學家了啊。」以誠走進自己的房間。

「你給我站住！」媽媽已經氣急敗壞地吼叫著：「說清楚，你到底去了哪裡？」

「請妳不要對他這樣子說話，他已經長大了。」爸爸的聲音始終是平平的，不帶情感地傳達著句子。

「我告訴你！我在管孩子，你憑什麼管我怎麼教孩子！」

「夠了！」爸爸的語調突然大聲起來：「請妳閉嘴！」

這樣卻讓媽媽真的怒到了底。

「要我閉嘴？你算什麼東西？你憑什麼要我閉嘴？你說啊！」

結果變成了夫妻吵架。

「你們……不要再吵了！」以誠突然失去理智地叫著：「都給我滾出房間！」

「你這孩子怎麼這樣糟糕！」媽媽已經抓狂了，吼著：「我是你媽媽啊！」

「哼！我媽媽？妳不配啦！妳是一個不負責任的媽媽！妳外面已經有男朋友了！妳沒有資格管我！」

啪！很重的耳光甩在以誠的左臉上。卻是爸爸打的。

以誠衝出家門，一路跑到了附近的公園，停在一棵大樹下，哭了起來。

夜晚的公園很安靜，很多上班族都在這時候帶著寵物出來散步。剛好趙小言與她爸爸也來遛狗，很明顯地，小言爸爸的外遇問題解決了，現在還是與媽媽住在一起，所以陪著小言出來走走。

小言發現樹下有一個男生，穿著與自己同一所學校的制服，仔細一看，竟是她心儀已久的學長李以誠，而且好久都沒有看到他在學校，還以為他轉學了。小言告訴爸爸說遇見了同學，想過去說說話。

「嗨！一個人嗎？」小言輕聲地打著招呼。

「嗯……」以誠別過臉，偷偷擦去眼淚。

「我可以坐下來嗎？」

「隨便。」

「怎麼了……」小言關心地問著：「好像有心事？」

以誠不想說話。

「喔！忘了自我介紹，我是二年級的趙小言。我知道你是三年級的學長李以誠。」小言不知哪來的勇氣可以說這麼多。

「我希望妳不要介意我現在的沒禮貌，」以誠終於開口，說道：「我不是針對妳，是因為我很煩……」

「我曾經交了一個很棒的朋友，她是梅里婆婆。她在我最煩悶、最難過的時候告訴我一件很重要的事：**不要害怕，說出來就是一個解決問題的開始**。於是，我從那一刻開始練習將心中不舒服的事說出來。如果你願意的話，我很願意傾聽。」小言為自己感到高興地說著。

「沒什麼好說的！」以誠一說，情緒就像洪水般宣洩：「我覺得人生是沒有意義的。一個人辛苦了大半輩子很可能到頭是一場空……就像爸爸一樣。瞎忙的人生，累得像狗一樣。而有人竟然在這個時候，跟外面的男人在一起。妳不覺得可笑嗎？所以，我為什麼要繼續讀書？讀書的意義在哪裡？」

「我明白了！」小言站起來，說道：「學長，明天下課後有空嗎？我帶你去見一個人，她一定可以幫助你！」

「就妳說那個什麼婆婆的？」

「是的！就是梅里婆婆。明天下課在校門口見喔！」小言興奮了起來。

「再說吧！」以誠完全不感興趣。

「相信我！我會在這裡遇到你，一定有原因的！明天下課見！」小言跑回爸爸身邊，和爸爸一起牽著狗走回家了。她在心悄悄祈禱：希望他明天一定要來啊！這是一個很重要的過程，即將幫助李以誠與他的家庭！

每個人都渴望擁有更好的選擇

下課鐘聲總是特別悅耳，對小言來說，這將是另一個美好故事的發生，於是她向校門口飛奔，在那裡，靜靜等待著學長李以誠的到來。

校門內陸陸續續湧出學生，很快地，半個小時過去了，小言依然沒有看見以誠的人影。

「該不會要晃點我吧！」小言喃喃自語地說著：「喔，拜託千萬不要啊！可一定要來啊！能見到梅里婆婆是一生的幸運啊……」

遠處的馬路對面，出現了以誠的身影，他手插在口袋裡、無精打彩的模樣，連書包都沒有背，顯然今天又沒去上課了。

「會很遠嗎？那個婆婆家。」以誠看似冷淡卻又隱約流露一絲期待。

「是梅里婆婆工作室！」小言非常有信心地說：「搭個兩站捷運，再轉接泊車就到了，很快！」

從捷運到接泊車，以誠都不太說話，小言很是體諒，畢竟她是「過來人」。

到了梅里婆婆工作室的門前，以誠突然說：「趙小言！改天吧！我還沒有準備好對一個不認識的人說出自己悲慘的故事，這樣很瞎。」

「喂！你很沒禮貌耶！」小言拉高聲音，大聲說著：「你知道嗎？我已經幫你預約了一位很難得的心靈導師，你居然不領情？這樣是不行啦！」

這個時候，門突然打開來，彷彿門裡的人一直在等待著他們。

「進來吧！」梅里婆婆看到了以誠與小言，很親切地說道：「孩子，先喝杯水再走也行啊！」

以誠瞪了小言一眼，而身子卻不由自主地跟著進入了工作室。

「孩子，我做了手工餅乾，先吃點東西吧！」

「我叫李以誠，」以誠邊大口吃著餅乾邊說著：「這名字是我爺爺取的，他說人要以誠相待。」他特別小心防備著自己的心事。

「以誠，是一個好名字！」梅里婆婆看著以誠的眼睛，彷彿就要看進他的心裡似的，她說道：「以誠相待的第一件事，是要對自己誠實誠信為先，如此才能對別人誠實誠信。」

「小言，妳媽媽現在好嗎？」為了讓以誠適應這個新場合，梅里婆婆轉而問候小言的家。

「我正要謝謝您為媽媽做的療癒，對她有很大的幫助。我記得，她後來與爸爸深談之後，決定了一件事，就是先不離婚。但是媽媽要求爸爸與外遇助理做一個了斷。後來助理好像就離職了。總之，現在爸爸天天回家，媽媽也在調整自己，我覺得很幸福，好謝謝梅里婆婆啊。」

「每一個人都渴望擁有更好的選擇！」梅里婆婆對著小言與以誠說著：「這是身為人的正常模式，在婚姻關係裡更是如此。」

「我不同意！」以誠心中似乎有一把很大的怒火，說道：「如果每一個人在婚姻裡都渴望擁有更好的選擇，那不就表示人可以不必負婚姻責任，即使婚後遇到更好的對象也可以轉身離開嗎？」

「以誠，」梅里婆婆溫和地說道：「當一個人心中有恨，世界給他再多的愛，他都只感受到恨。你現在心中不平靜，聽誰說話都會不平靜。當我說每一個人都渴望擁有更好的選擇，你必須看到的是這句話的因果關係。因，是每一個人在心中都有渴望讓自己更好的原動力；果，則是來自這股原動力所引發的過程與結果。我說的是因。所以你必須先認識這個因。」

以誠開始沉思了，眼神有些許不同，防備也卸下了些。

梅里婆非常有耐心地對他說道：

「所以，以誠，在你的心中也渴望擁有更好的選擇，那是什麼選擇呢？」

「我希望有選擇父母的權力！」以誠想了很久，冷冷地說道。

「太棒了！」梅里婆婆竟然大笑且鼓掌叫好，說道：「你很誠實啊，孩子！這就是因，無論那渴望更好的選擇是什麼，先認識這個渴望的心，這份渴望裡確實有關於一個人心中長期累積的壓抑與不滿。渴望不會是錯的。而透過渴望所創造的過程與結果，是不是能利益到自己與身邊的人，又會不會傷害到每一個人，就是另一個問題了。」

「我懂了，」以誠慢慢進入狀況，開始訴說著：「我希望有選擇父母的權力，是來自心中長期對他們的不滿與壓抑，但是我渴望選擇父母的心是一個因，這個因不會是錯誤的，是自然的一種原動力。至於，我會不會因此而真的不要父母了，然後與父母發生很多問題等等，這又是另外創造的過程與結果了，對嗎？」

梅里婆婆摸了一下以誠的頭，說道：

「你這孩子真是聰明！那我現在要你同理去想著媽媽的事呢？」

以誠深呼一口氣，緩緩說道：

「我想，媽媽應該也渴望擁有更好的選擇，是她的伴侶、還有我這個糟透了的兒子……然後這樣的渴望……並不是錯的，這是正常的因。只是媽媽是否因此而去創造出一些真的離開我們的事，這又是另一個主題了……」

「以誠！」梅里婆婆點點頭，很肯定地看著他，說道：「你的速度很快，我可以教你更多的看見了！」

「你們都好棒喔！」小言在一旁，幫大家倒著茶水，開心地說道：「再吃一點餅乾吧！」

媽媽的完美形象破滅

時間分分秒秒向前走著，毫不停留，它到底在告訴人們什麼奧妙的信息呢？

「梅、梅里婆婆，」以誠越來越想傾倒他內心的不舒服，說著：「其實……我現在心中還是無法接受一件事，這件事對我是很大的打擊……」

「孩子，」梅里婆婆知道對男孩子要用引導的方式，她充滿慈愛地說道：「現在是一個很適合說故事的時間，讓我們一起聽聽關於你的故事吧？」

「我媽媽本來在一家貿易公司當會計，約有十年了，然後，有一個當業務經理的叔叔是媽媽這幾年認識的朋友，他經常約媽媽談轉換工作的好處。結果半年前媽媽就真的離職了，跟著這個叔叔學跑業務。剛開始，爸爸也贊成她，說只要她高興也願意的話，其實都可以。

後來，媽媽經常說公司有很多活動、晚上跑客戶，忙到很晚才回家。晚上都是那個叔叔送她回來的。有幾次媽媽太晚回家，爸爸看不過去，多問幾句，媽媽就發很大的脾氣。而爸爸總是告訴我說媽媽的上進心很重，希望業務能做得很好，所以壓力自然很大。唉，之後就……」

以誠猶豫了一會兒，才繼續說道：

「我很難忘記那個畫面。有一天半夜，爸爸是公務員睡得早，而媽媽因為公司聚餐喝醉了，被叔叔載到家門口，我上前去扶媽媽準備進門，媽媽卻抱著叔叔一直哭，然後問他：『你愛不愛我？你到底愛不愛我？你知不知道我都是為了你才走上這一條不歸路啊……』叔叔裝作沒聽見，對著我笑，媽媽就繼續對叔叔說：『你要親我啊……像平常那樣親我啊！』然後媽媽就吐了，叔叔就開車走了。」

梅里婆婆與小言都沉默地點頭，表示要繼續聽下去。

「這半年來，媽媽的個性變很多，變得很愛喝酒，常常聽見她與同事晚上聚餐喝酒，回到家往往已經大醉了，爸爸會多唸她幾句，媽媽就跳起來罵爸爸沒用，說要不是爸爸錢賺太少，她就不必那麼辛苦跑業務……媽媽確實好像多很多收入，然後媽媽常向爸爸提出離婚，說她想搬出去自己住……」

以誠停頓下來，非常氣憤與傷心地說：

「我不想再說了，我只是很厭惡她，她搬出去還不是為了要和那個男人在一起……我覺她非常糟糕！」

梅里婆婆握住以誠的手，說道：

「當你在說自己故事的時候，你同時也可以是聽故事的人，這樣，你就會有新發現、新體會。以誠，你說的故事是現代女性很典型的過程，也就是她們心中一直渴望擁有更好選擇的一個發生。通常這些發生都是透過想換工作環境、或換一種生活型態等等，有的人會變成是愛上另一個人才開始思考選擇的事。但是，很多女人自己都被這份渴望所困惑與苦惱了。我想你媽媽並不清楚你知道了些什麼吧？」

「嗯，」以誠點點頭，繼續說道：「她不知道……其實爸爸心裡很清楚。所以他們越來越不說話了。我很討厭回家，我在網咖交了一些有車的朋友。當我知道了之後，曾經蹺課跟蹤媽媽……他們白天去過汽車旅館……而且不只一次！我很想幫爸爸殺了那個男人！坦白說，我計畫著要用刀還是槍……我要他們兩個都後悔死！」以誠整個人拳頭握得好緊、好緊。

整個氣氛是凍結的，梅里婆婆深呼吸，同時請小言和以誠一起深呼吸，她要他們閉上眼睛練習。這個時候，梅里婆婆做了一個祈請的儀式，將雙手放在以誠頭上，持續幾分鐘，口中不斷地唸著真言。突然，以誠大叫起來，身體彈出椅子，倒在地板上，整個人抽搐著。小言嚇傻了。梅里婆婆卻不慌不亂地坐下來，將雙手放在以誠的背後，又唸了一段關於脈輪的真言。

幾分鐘過去了，以誠整個人鎮定下來後，他的額頭滿是汗水，而臉上的淚水和鼻涕交融。梅里婆婆慈祥地幫他擦拭著，直到他的神智恢復清醒。

以誠坐了起來，開始嗚咽，他抱著梅里婆婆說著：

「請還我一個原來的媽媽，好不好？我要原來的媽媽回來……好不好，我不要現在這個媽媽了，她已經不完美了……」

這是一個令人鼻酸的過程，媽媽究竟是一個平凡的真女人，抑或是孩子心中完美的一個母親呢？

女人外遇所隱藏的能量

「以誠！」梅里婆婆認真地說道：「深呼吸，慢慢地睜開眼睛。我來告訴你關於女人的故事，這對你和你的未來將有很大的幫助。」

小言陪坐在以誠身邊，以誠點點頭，表示他已經準備好了。

「其實，外遇是現代人重要的課題，這個課題和愛有關。只是，很多人不知道愛的課題，是來自於人類內在的一種愛的力量，自古以來，需要透過學習而不斷地擴展。有的人前世也許已經上過這門課程，而且學會了；有的人到這一世才會遇到；當然，也有人每一世都在學卻一直學不會，所以無法提升到更高的層次！

外遇課題裡更複雜的是，過去男人出軌、外遇，時有所聞，而現在，你會發現隨著時代越文明，女人外遇的案例也越來越多；事實上，從古老年代開始就有女人外遇了，只是當時是父權社會，女人如果有精神或身體的外遇，一律處以死刑或嚴厲懲罰。

這種直接抑制的方式，反而儲存了女性巨大的能量，靜候機會反動。於是在現今的能量裡，女人外遇的後續問題確實比男人外遇更不容小覷，這是我們每一個女人要開始更明白與轉化的一個過程。」

「為什麼女人外遇的後續問題比男人外遇嚴重？」小言急著發問。

「這個問題分為兩個部分：一個是社會道德壓力，對女人外遇比男人來得更大；另一個則是我剛說的，關於被抑制的女性能量，自古以來渴望被重視和被發現。

說起社會對於女人外遇的觀點，多半存有性歧視，例如，會以『蕩婦』、『偷人』之類的字眼來形容，這些字眼都具有輕蔑汙辱；反觀男人外遇，則以『享齊人之福』、『包二奶』、『養小老婆』來形容。這樣的能量會造成更多女人在身體與情感的能量蠢蠢欲動，你們難道沒有發現，這幾年女人外遇的新聞越來越多了？」

小言和以誠不約而同地點頭，表示認同。

「在這股不平衡的能量裡，促使女人一旦外遇了，多數都決心不再回到過去。這也是我發現在女人外遇個案裡，由於長期在婚姻與家庭中，很多問題無法被解決，造成她們內心一直有一種更好的渴望。於是，外在就創造出這些機會，讓她們徹底去經驗一直嚮往的被愛關係。

不過，女人外遇，她同時有道德壓力的內在制約在審問著自己，因此你媽媽確實是倍感痛苦的。」梅里婆婆輕嘆息了一下。

「那……」以誠吞吞吐吐地說著：「媽媽……她為什麼一直嚮往被愛呢？我和爸爸都很愛他啊！難道她感覺不到嗎？」

「以誠，你問得很好。」梅里婆婆的眼神充滿鼓勵，說道：「為什麼你愛一個人，對方卻感覺不到呢？」

「因為我們給他的愛不是他要的！」小言搶著回答。

「聽起來有些道理……」梅里婆婆表示肯定，繼續說道：「不過，真相是：一個心中沒有愛自己的人，永遠感覺不到被愛。就算換了一個人來愛也是如此。也許殘酷，但這是真理。」

梅里婆婆看著窗外的景色，訴說著愛的真理。

無論男人或是女人，當一個人的內在存有愛，自然感覺到一切都是愛，就不會再去外面尋找愛了。

媽媽的心像孩子

屋外突然響起好大的雷聲，隨即下起傾盆大雨，屋內多了一絲涼意。

「我還記得小時候，」以誠彷彿陷入回憶，慢慢說道：「媽媽很愛親我，每一次幼稚園娃娃車送我回到家，媽媽總是會抱我、親我……那時候，我一直覺得可不要到長大了還這樣親，我可能會交不到朋友了。我漸漸長大後，她就真的不再親我了，她常常用很不耐煩的口氣對我，對爸爸也是……我想，是我不再那麼可愛了，還是媽媽不那麼愛我們了……」說著、說著，以誠的音量漸漸變小。

「你親自問過媽媽這個問題嗎？」梅里婆婆將雨水飄進的窗子關上。

「我想問她的問題太多了……」以誠很激動地說：「但是我問不出口，我覺得答案一定都和她的外遇有關！」

「所以，你覺得媽媽的外遇是因為你，對嗎？」

「嗯！我知道我常惹爸爸媽媽不高興，從小到現在，他們為了我的事不知道吵了多少遍，每次吵架，媽媽都說要離婚，還說就是因為有我，才會犧牲地留在這個家。我知道我非常不優秀，也不夠聽話，更不孝順，媽媽今天會外遇，我想，是我造成她想去愛外面的男人，最主要的原因吧！」以誠的語氣裡充滿自責。

「千萬不要這樣想啊，孩子！」梅里婆婆安慰地說著：「你這些想法都不是媽媽真正的心聲。真正的她其實和你一樣，還是個小女孩，在找個像爸爸的人來愛她。」

「我阿公對她很好啊！不過，媽媽好像有說過，阿公從前非常重男輕女。」

「以誠，**女人或男人外遇都不是因為他們有孩子，而是他們心中都有個要愛的孩子**。每個人心中都住著一個孩子，這個孩子就是自己。無論你外表實際年齡多少，這個孩子始終都是小男孩或小女孩。他們通常不知道自己已經長大、成熟，足以面對一切，這個孩子只想玩、想開心、想要擁有被寵愛的感覺。但是，內在的孩子會隨著個人成長過程的不同，而擁有不同的信念，其中關於被愛的信念，就會造成男人或女人對於愛的如實反應。

如果心中的小女孩從小一直沒有被愛滿足，長大後還是會覺得缺少愛。就算有人因為愛她娶她，她還是不覺得被愛。於是心中一直期待著有更愛她的人出現，而且如果讓她覺得愛出現了，她一定會嘗試，甚至奮不顧身，朝外面的愛走去。你想，如果這個女人已經結婚了，會不會創造出很大的麻煩？而且帶出她心靈上的許多痛苦？

這是因為她心中的那個小女孩一直沒有被療癒與清理，所以外遇後，她又更苦，因為現實環境對於女人追求愛是有很多的不支持的。

很多夫妻反而因為有了孩子，讓他們更想要在一起維護家庭。所以，孩子絕對不是女人外遇的主要原因。不過，你能夠反省自己不聽話或不孝順，反而讓我覺得你是一個懂事的孩子，心思很細膩。」

媽媽不要我了！

以誠看了小言一眼，猶豫著要不要問這個問題。

「怎麼了？」小言察覺出他的神情有些異樣，追問著。

「沒事……」以誠故作看著手錶的樣子。

「孩子，」梅里婆婆就是懂人心，一眼看穿，說道：「心中有話就要說出來，試著為心中的自己表達出來。」

「梅里婆婆，您真的很厲害！」以誠不得不佩服地說：「我心中有很多聲音在對話，有時候，我都不知道該不該說出來，說了，怕人家會對我有些不好的想法。」

「你如果想說而不說，反而對自己會有更不好的想法。這是一種相同的循環。說了怕人覺得不好，不說又自我感覺不好，真是辛苦。正確的方法是：**說出來之前先自我檢視是傷害的言語，或純粹的表達？每一個人其實都能自我檢視出來。**」

「我明白。」以誠鼓起勇氣，試著說出內在的聲音：「我想說的是，我其實並沒有很想知道，關於女人那麼多麻煩的內心世界或什麼愛的議題，然而，我心中反覆的情緒非常多。最常困擾我的是，自從我知道媽媽外遇後，我覺得有人搶走媽媽，然後我看到媽媽對爸爸的方式，會更加害怕恐懼，因為我知道媽媽不要爸爸，代表著她也不要我了，因為她不要這個家了……」說著、說著，以誠整個眼眶紅了。

小言輕輕地拍撫著以誠的背，表示支持，因為之前爸爸外遇時，她也擁有相同的情緒與恐懼。

「以誠，你是男生，」梅里婆婆口氣很堅定地說：「我比較直接地告訴你，你媽媽外遇最後的結果是什麼，你並不會知道。但是，你可以幫助他們在這個過程盡可能圓滿。無論你爸爸媽媽最後的決定是什麼，你都必須清楚知道一件事，沒有父母會想要離開或遺棄自己的孩子，如果說有一天必須分開，那一定是有不得已的苦衷，或是為了更好的決定，但是絕不是因為孩子不夠好，而想要放棄孩子。」

「有什麼差別嗎？」以誠情緒再度激動起來，說道：「您的意思就是說媽媽會離開我，不是嗎？」

「孩子，什麼叫離開呢？我認為，只要愛一人，就算不能夠在一起，愛從未消失，就沒有離開過；不愛一個人，就算在一起，心早已離開了。母子的愛，是不可能分開的。這也是你媽媽現在最大的痛苦，她非常在意你的感覺。你不會知道一個母親對孩子有多大的牽掛，若可以說放就放，她就不會如此痛苦了。

女人外遇的心，是多數人無法體會的。若是有孩子的女人外遇，心中承受的掙扎與痛苦更是巨大。**沒有一個媽媽會希望孩子知道她外遇，因為，連她都不能原諒自己的外遇**。女人對於忠貞是有很強烈的道德感，這是從古至今，社會對女人的制約，也是女人自身的一種道德感。除非女人能夠徹底地接受、原諒自己，否則只是走進更加折磨自己的不歸路而已。」

「所以，媽媽的心還是很在乎我？」以誠聽出了重點。

「有時候，女人確實因為外遇而疏忽孩子，卻不會改變她對孩子的愛，這是一定的。你要知道，你媽媽雖然愛上外面的男人，但是她對你的愛是無法被取代的。一個是愛情的愛，一個是至親骨肉的愛。孩子，你要相信你媽媽是愛你的，這是幫助她在這個過程中，很重要的關鍵。」梅里婆婆很在乎地看著以誠。

以誠點頭看著梅里婆婆，他的心瞬間好像回到媽媽的愛裡。

「我想你們一定都餓了，」梅里婆婆起身，邊往廚房移動、邊說道：「我去煮水餃給你們吃，你們的時間允許嗎？」

「我沒問題，我已跟爸爸媽媽說過要來這裡，會待得晚一點。」小言這時才發現：「咦……怎麼今天沒看見江爺爺呢？」

「喔，我愛人今晚和朋友聚餐，他們固定都有的球友聚會。」

「原來如此。」

小言看了一眼以誠，猜想著他心情有沒有好一點。

所有事情的發生都有意義

當梅里婆婆端出了熱騰騰的水餃，還有一碗湯時，以誠突然轉過頭，偷偷地擦拭眼角的淚珠……

「以誠，你是不是好久沒有吃到你媽媽做的菜了？」小言是過來人，知道這個過程，當爸爸媽媽發生外遇事件時，家庭和孩子往往最先被忽略。

「不算是啦！」以誠打起精神，說道：「是想起了我爸爸……我覺得爸爸很可憐，以前媽媽當會計的時候，下班後都會回家煮飯，那個時候一家三口在一起很幸福。現在都是我們父子隨便吃個便當，有時候我在外面晚回家，爸爸就自己一個人在家裡，應該很孤單吧。我在想，我們家是造了什麼孽？為什麼這麼倒霉？為什麼要發生這些事？」以誠雖然難過，但是筷子一挾，就將水餃往嘴裡塞。

梅里婆婆點著頭，示意大家要專心用餐，暫時不要談任何事情。

雨漸漸停了，梅里婆婆再度打開窗子，感受著大雨之後的清新空氣。

當大家吃飽後，小言趕忙收拾整理，說道：「你們兩個聊，我來幫忙洗碗！」

「以誠，」梅里婆婆接續先前的話題，說道：「每一個人的生命都不是一帆風順的。很多時候，不經過一些風浪，如何激出一個水手的潛力呢？

我發現很多人面臨最困難的事件時，都會怪罪時運不濟或命途多舛，最常見的是說有一方造孽，這都造成很多不必要的心理負擔，嚴重導致當事人失去原本的力量，於是很難在理智與和平的狀態下解決問題。」

「可是，為什麼只有我們面臨這樣的困境？」以誠確實為自己感到不平，說著：「對我來說，這是非常不公平的事！」

「孩子啊，我能明白這樣的感受。每一個人在面臨自己最不舒服的事時，往往覺得只有自己是最辛苦的、最悲哀的。許多情緒和感覺都累積在心中，特別容易覺得不公平。

我要和你分享關於『生命裡所有事情的發生都有意義』的概念。就算你現在還感覺不到我所說的，但是如果能在我的引導中，細細觀察與發現，你將明白生命的偉大，它總是透過許多看起來不好的過程，帶領出最好的結果給人們。其實，許多擁有幸福的人都有這樣的體會：能夠在人生中徹底激發出愛與力量的，往往是看起來不怎麼美好的事。而這些事總是使人混亂、挫折甚至悲傷與痛苦得想放棄一切。

但是，很多人不但沒有放棄，反而讓這些看起來不怎麼美好的事，徹底地啟發自己，贏回一切！」

「好難啊……」以誠玩弄著握在手中的杯子，說道：「光是想起爸爸，又想起媽媽和那個男人之間……我必須承認，我現在是無法體會的。」

「是的！只有負向的情緒會阻礙了我們看見希望！」

「負向情緒？梅里婆婆，您是說我很負面嗎？請您告訴我要怎樣才不會這麼負面呢？」以誠有些許惱怒，隨即又自己平靜了回來。

「以誠，當我說『負向情緒』時，我希望你了解，這是每一個人心中都有的部分。每一個人心中都有陰暗面與光明面，重點是如何思考、如何看待事物，就決定了如何選擇進入這兩個面向。因此，每一個人都有選擇權，讓自己如何思考、如何看待伴侶外遇的發生。

當然，對於你爸爸來說，妻子外遇了，這是一個很重的打擊，也給這個家庭帶來很大的衝擊，但是，所有最不好的事情，都一定是為了帶領人們走向更好的未來。除非，他不這麼想，選擇繼續自哀自憐或怪罪你媽媽，這就是如何看待與思考。那麼，你想一想：這樣還有動力去創造新的幸福人生嗎？」

以誠搖搖頭。

「現在很多男人的妻子外遇了，他們選擇的方式都不一樣，這也不能怪他們……因為男人多半沒有傾訴的對象，他們面對痛苦與困境，卻沒有管道疏通，開導他們用正確的方式去面對妻子外遇。」

梅里婆婆望著以誠，繼續說道：

「在我的個案裡，有一位丈夫因為太痛苦了，就在半夜打電話給外遇的妻子威脅恐嚇，然後在家打開瓦斯燒碳，最後是妻子報了警，當警察破門而入時，兩個孩子還在家裡睡覺呢！你能想像，如果真的燒起大火或吸入過多的碳，後果有多麼令人遺憾！

這之間確實包括妻子沒有妥善面對與處理整個外遇事件。

當然，也有丈夫知道妻子外遇後是異常冷靜的。不過，往往只有他們知道自己內心的感受如何。倒不是要男人學會說出隱私，而是男人應該學著去面對兩性關係中的自己。外遇的發生，第一個學習，就是讓男人開始面對自己的兩性關係了。

所以，任何事情的發生，都會是有意義的發生！」

「我大概聽懂了，」以誠點點頭表示著：「我也在思考，接下來，我該如何更正面地看待媽媽外遇的事了。」

「非常好！」梅里婆婆輕拍了一下以誠的肩膀，說道：「當正面思考出現時，結果通常都會是正面的了！」

「碗洗好了！」小言邊從廚房走出來邊說著：「你們繼續聊，我差不多該回家了！」

「那我也要回家了。」以誠有些不好意思地說：「謝謝您……梅里婆婆。」

「以誠，你明天下了課可以再過來嗎？我想讓你更明白媽媽為什麼會外遇，也許有一天你可以更理解女人。」

以誠想一想，隨即說：「好！我可以下午就來嗎？我可以蹺課的。」

「不行！」看來梅里婆婆對以誠的蹺課計畫毫不妥協，說道：「你必須上完課再來，這樣才是對的。」

第6章

為什麼媽媽會外遇？

校園的下課鐘聲響起，每個學生都有一個家可以回去，只是每一個家庭裡，是否有足夠的愛在等待著孩子歸來呢？

以誠抱著書包直接衝出校門，目標就是與他有約的梅里婆婆。看來，他是真心期待著赴約，而且想更了解自己的母親。

「梅里婆婆！」以誠彷彿希望獲得肯定與讚美，說著：「我今天有到學校上課喔！」

「上課本來就是你現在每天應該做的，不是嗎？但是，我確實要獎勵你有聽我的話，上完課才來，所以要送你一本關於星座與兩性關係的書。」梅里婆婆將書交給以誠。

「星座！」以誠開心地翻閱，說道：「媽媽是雙魚座的，爸爸是金牛座，而我是獅子座。所以，這本書和媽媽外遇有關？」

「這本書和你媽媽外遇是有些許關聯的，它談星座之於女人，會在關係中有哪些內在特質的影響？不過，這只是一個部分而已。我今天會很完整地讓你了解一個女人的世界。」

梅里婆婆邊倒著茶、邊看著以誠，招呼他說：「先喝點茶吧！」

以誠認真地瀏覽手上的新書，而梅里婆婆眼尖地發現他的衣服上有一顆扣子掉了，就從架上拿了一件衣服給他，說道：

「來，這是江爺爺的T恤，你先換上，我幫你縫扣子。」

於是以誠脫下了衣服，看著梅里婆婆為他縫上新扣子。那一刻，以誠體會到自己沒有被好好照顧，心中感到很失落。

「孩子，」梅里婆婆彷彿有讀心術似的，溫和地說道：「世界其實充滿著愛，除非你可以敞開心，一旦你心中充滿愛的時候，就會發現身邊總是不斷出現愛的幫助。就像你遇到了小言，於是你就認識了我，你感覺到了嗎？」梅里婆婆兩三下就將扣子搞定了。

「我還是有很大的失落感，說不上來。」以誠邊換衣服邊說道：「是一種孤單的感覺，當我和爸爸在一起時，這種感覺就特別強烈。其實我們的家境算是不錯，爸爸雖然是公務員，但是爺爺送給爸爸我們現在住的這間房子，算起來是衣食無缺，可是我卻覺得像是失去了很重要、很重要的東西一樣……我很不快樂。坦白說，媽媽對我很好，她賺的錢比較多，總是會買很多東西給我，但那始終滿足不了我心中的失落感。」

「對孩子而言，最敏感的就是，他永遠都知道爸爸媽媽發生了什麼事；而爸爸媽媽就是沒有一個人願意與孩子溝通和分享，甚至是說明和交代。使得孩子敏感的心，像在看著爸爸媽媽演一齣戲，偏偏孩子就是不想一起陪著演這齣煎熬的戲。反而，孩子會在爸爸媽媽願意面對的情況下，明白發生了什麼事。之後才有機會改變心中的觀點，當觀點改變了，孩子內心的失落感才會消失。」

梅里婆婆停了下來，望一望以誠，有感而發地問：

「但是，以誠，你知道為什麼你媽媽無法和你分享或說明嗎？」

「她要怎麼說？」以誠始終在意媽媽愛上了別人，冷冷地說道：「外遇是一件很不道德的事，她要怎麼說出口呢？」

「以誠，愛上了別人真的非關道德。現在社會對外遇女人總是極為否定與不諒解，這不但不能解決問題，反而讓家庭中的孩子因此受到更多負面傷害。

事實上，你媽媽也被社會道德譴責，無法接受這樣的自己，所以，她不知道如何面對自己，於是更無法面對你。

所以，除了孩子該進一步了解媽媽為什麼會外遇，而外遇的媽媽更要在這些過程自我明白。同樣的，身為男人，在妻子外遇發生時，應該不是指責問題、不是歸咎責任，而是在這些過程中學習與了解。這樣會不會讓男人在明白中釋懷呢？甚至男人因此學會了如何更珍惜愛護女人呢？」

「看來，我的問題比爸爸還要嚴重……」以誠很臣服梅里婆婆。

「是的，每一個孩子通常將許多家庭的疑惑與遺憾累積在心中。」

了解媽媽需要的愛

「梅里婆婆，」以誠突然大聲地問道：「我想知道一個簡單明確的答案，到底女人為什麼要外遇？」

「孩子啊！」梅里婆婆笑了起來，帶點賣關子的口吻說道：「當然有簡單明確的答案！問題就在這個答案發生在人類身上，自然就複雜了啊……簡單又明確地說，外遇的發生就是因為愛！女人一輩子只為愛而活。這是一個簡單又明確的答案，但是女人的心就複雜多了。女人需要的愛很簡單，但如果她不明白自己要的就是愛，會誤以為錢是愛、名是愛、利是愛、性是愛、安全感是愛、成就感是愛。總之，女人也把愛變得複雜了。」

「愛？」以誠不置可否地說道：「這是很籠統又很模糊的答案嘛！如果媽媽是因為愛而外遇，那有一件事，我能作證，就算他們有時會吵架，但爸爸絕對是愛媽媽的啊。」

「我相信你爸爸非常愛你媽媽。問題在於，你媽媽是否也感覺到愛呢？」

梅里婆婆閉上雙眼，悠悠地說著：

「女人有兩個部分需要愛的充滿——心和身體。心可以用感覺來代表，女人的感覺是敏感的，重視的愛是被了解、被關心、被需要、被保護、被在乎、被讚賞；而身體則以外在物質來代表，身體對愛的需要是在五感中被滿足，五感包括眼、耳、鼻、舌、身，就是女人眼睛要看到被愛的畫面、耳朵要聽到被愛的語言、鼻子要聞到被愛的芬芳、嘴巴要嘗到被愛的滋味、身體要有充滿愛的碰觸。

最複雜的是，女人的心和身體，會隨著年齡和生活而有所變化，因此對愛的需要也隨之不同。比方說，女人婚前婚後對身體的五感會很不一樣；以及有了孩子之後，對於愛的需要也不一樣。」

「天啊！媽媽真是複雜呀！」以誠不解地抓著自己的頭髮，說道：「難怪爸爸以前都說媽媽很麻煩，買了她愛吃的東西回來，她竟然說她哪有愛啊……原來是女人一直在變，女人真是善變啊！」

「每個女人對心的感覺和身體的需要，都不盡相同。有的女人重視心（感覺）而不重視身體五感（外在物質），如果她的丈夫一直在物質方面滿足她，她不一定覺得被愛；也有女人很重視身體五感（外在物質）的滿足，但她的丈夫卻無法滿足她，而只在心中不斷地愛她，女人也不會覺得被愛。

當然，現代女人已經不像古代了，教育和知識打開了女人的需要，於是女人自然覺得內外需求，無論是心的感覺或身體五感的滿足都非常重要。」

「難怪啊……」以誠恍然大悟地說：「以前媽媽當會計時，對爸爸沒有那麼多抱怨；後來接觸了業務，時常受訓練，上課與學習之後，接觸的人也廣了，她就變了，變得很勢力，覺得要吃好、穿好，時常要爸爸再換大一點的房子……爸爸真不應該答應讓她轉換工作的！」說完後，以誠大口地喝著茶，還不小心將杯子很用力地放回桌上。

「以誠，每一個人都有自由追求更好的生活品質。你將發現夫妻應該一同成長與學習，包括對彼此的內外需求都要保持著一份連結和關心。這是現代夫妻最大的問題，他們總是忽略了相互成長、相互觀照彼此的需求。

當丈夫漸漸忽略妻子，妻子就容易出現情緒。而女人最大的問題往往是不知道如何用最好的方式表達自己的需要。於是吵架、打架到離婚。而外遇不過是因為有一方的需要被滿足的意外發生罷了。」

「梅里婆婆，您說對了！」以誠表示贊同地說著：「以前他們吵架，真的都是媽媽覺得爸爸不夠關心她、不懂得浪漫，但是，因為媽媽時常這樣吵，爸爸乾脆不理她，有時候也有擦槍走火的時候，爸爸打過媽媽……對媽媽說：『妳別不知好歹！』吵完架後，媽媽會離家出走個幾天。」

「孩子，當你越了解真相，就越明白，媽媽外遇真的不是因為她不道德。每一個女人都以為自己有等待的本事，其實女人心中只要沒有愛的感覺，對情感的忍耐期就會是有限的。而且，現代女人比較不是活在當下，而是向未來看。她會思考這樣的品質是否符合心中想要的未來性？而男人卻比較在乎眼前的事，因此男人時常覺得不好的事情已經過去了，何必追究與計較。

所以，如果你媽媽的世界出現符合她心中愛的需要，她自然覺得未來是美好的。如果是你，你會怎麼做決定呢？」

以誠沒有回答梅里婆婆，但是，他已經進入很深的思考中。

了解女性能量的特質

梅里婆婆從廚房端出了一盤親手烘焙的餅乾，問道：

「孩子，餓了嗎？先吃一點我做的餅乾吧。」

以誠的腦子裡還在思考著梅里婆婆剛才說的話，手卻不自覺地拿起一片餅乾。

「謝謝梅里婆婆。」以誠邊吃邊說：「媽媽有一陣子心情很不好，我看到家裡有醫院開的抗憂鬱處方箋，那個時候她已經當業務了，爸爸就常對她說不要把太大的壓力往自己身上攞，否則身體會出問題的……我真的不了解，為什麼她都已經換工作了，還是不開心呢？」

「女性能量是一種創造與改變的能量，所以坊間有人說：『女人是這世界幸福快

樂的原因，女人也是世界痛苦混亂的禍首。』我本身也是女人，認同這句話，是因為反省過自己，知道身為一個女人，在一個家庭裡才是幸福的關鍵，而世界是由無數個家庭串聯起來的磁場。

女人天生的能量就是創造與改變，這是來自遠古時期，人類發展的演繹過程。所以，女人不喜歡一成不變，哪裡不好就馬上要改善。女人的心思天生細膩，能夠創造出更多與幸福有關的創作，例如：烹飪美食、彩妝美學、居家整理與文學創作。

所以，當女人不改變就會憂鬱與煩躁，不創造更多的幸福就會不舒服。**所以女性容易憂鬱，是因為改變與創造的能量阻塞了。**

同樣的，在家庭裡，媽媽覺得無法改變，沒有機會創造更多幸福的時候……她會變得很有壓力，也很自責沒有達到期望的狀態，因此經常出現大量的情緒。

在這個時候，女人需要的是愛與關懷。你媽媽非常需要愛的關心與開導。如果一個女人的生命中出現一個人，能在她很多情緒的時候給予關心、開導，她的心就會完全飛到那個人身上了。

不過，女人又受到出生時的星座影響，每一個女人所需要愛與關心的方式也有所不同。比方說，你媽媽是雙魚座，雙魚座的女性特質喜歡被愛完全地充滿，覺得自己的問題有人在乎，就足夠了；如果你媽媽是摩羯座，光是在乎還不夠，要盡速幫她解決問題才行，否則摩羯座女人會覺得不被愛與關心。

我送你的星座書，可以拿給你爸爸參考。

其實，外遇的女人，一開始的出軌都是屬於精神上的出軌……」

以誠一直點頭沒有說話，彷彿看到了答案。

「所以，女性能量一直是很有爆發力的。當一個女人愛上一個男人後，只要時機成熟，她的身心靈就會完全交付出去。這就是為什麼男人出軌多半只是肉體，只要給予適當的時間與處理，男人通常都會回家。

但是，女人一旦出軌，她的身心都會一起出軌。回頭機率比較低。這是女性能量的特質，不是女人冷血或是無情，女人非常忠於自己的身心。」

「您的意思是，我媽媽一定會和爸爸分開？」以誠最在乎的還是這件事。

「孩子，沒有人可以為爸爸媽媽的決定負責，只有他們自己。但是你可以因此學習與明白更多。要記得，生命裡有很多的發生，越是接受事情的發生，就越能收到這些發生的意義。無論爸爸媽媽如何處理婚姻與外遇問題，孩子能給他們力量去面對與處理。」

「我知道了。」以誠的想法確實起了微妙的變化，說道：「這兩天我也在做心理準備了，我發現當我稍有接受，好像比較不會那麼心痛了……」

「太好了！那我就可以再告訴你一些關於女人的事了。」

哪些媽媽會外遇？

以誠又拿出了星座與兩性關係的書，隨手翻著兩頁後，依然不放心地問著：

「所以，爸爸只要看這本書就可以完全了解媽媽了嗎？」

「傻孩子，看一本書是不能了解一個人的，只是更清楚了解的方向在哪裡。關於你一直想了解的大問題，就是媽媽為什麼會外遇？我用歸納的方式告訴你，你可以記下來……」

以誠攤開事先準備的筆記本，很認真地抄寫著。

【梅里婆婆圖書室】**女性愛的基本需求**

(1)對另一半的性愛關係(來自恐懼感)

性愛價值觀因人而異，有些女人不重視性愛，有些女人卻覺得性愛是婚姻長久的關鍵。比方說，多數女人第一次性經驗都是給丈夫，長期下來對性的經驗只停留在丈夫，品質優劣無從比較。若有另一個性經驗是極度享受的，就會開啟女人對性的渴望與追求，因此走向了讓她體驗性愛美好的男人身邊。兩性關係在性愛裡的契合將擊退女性深層的恐懼感。這是為什麼有些內在充滿著深層恐懼的女性，在性高潮裡會經驗到完整釋放的原因。

(2)對另一半的金錢收入(來自不安全感)

儘管婚前已對另一半的經濟條件相當了解，但婚後對收支狀況不滿，仍會引發女人內在對金錢的不安全感。很多夫妻都會因為金錢而爭吵與計較，時間久了就成了外遇的導火線。如果女人長期支應家庭龐大的開銷，而另一半則是沒有經濟來源，更成了兩性關係裡的嚴重問題。許多女人不懂得如何面對與處理兩人長期經濟不平衡的問題，這個時候，如果有一個比較成功、經濟條件不錯的人介入婚姻，也會因此發生不可思議的結果。女人對男人經濟條件的安全感，因人而異。但這也是屬於普遍性的家庭問題。

(3)對另一半的心靈成長(來自存在感)

關於另一半在心靈品質的部分，包括：另一半的信仰、信念、情緒、言語是否正面或負面？另一半是否積極生活和工作？兩人有

【梅里婆婆圖書室】**女性愛的基本需求**

沒有共同的嗜好和活動？有沒有一起學習成長的習慣？兩人的溝通與談話的品質是否良好等等。這些品質的好壞會使一個女人對婚姻之於生命的存在感，具有深刻的期許。許多男性企業講師都擁有女性粉絲的青睞，就是因為他們擁有最正面的人生觀，充滿對生命更美的行動力，有著很有活力的生活品質。女人往往希望另一半有這樣的特質，如此，她們會經驗到更多有意義的存在感。

(4)對另一半的愛與感覺(來自被遺棄感)

對於另一半付出的愛沒有感覺，是來自彼此不了解。很多個案都是丈夫非常愛妻子，也願意做令妻子開心的事，但妻子往往就是不買單，這是因為妻子希望的與丈夫付出的不一樣。在婚姻中，彼此的期待值落差太大是很危險的。丈夫沒有得到應有的肯定與鼓勵，久而久之，就不想再付出了。

梅里婆婆逐一解釋女人外遇的主要原因，然後直截說道：

「當這四種女性愛的基本需求不被滿足，惡性循環之下，妻子越感覺不到愛，越覺得不被愛或是被遺棄，就越不想肯定丈夫。這個時候，另一個男人所付出的愛，剛好合女人所好，外遇就開始了。」

以誠很仔細地記下梅里婆婆所說的每句話，點點頭，然後表示：

「梅里婆婆，如果有一天，我結婚了，我一定要在這四個部分讓妻子完全被滿足！這樣婚姻問題就可以減少了，對嗎？」

「是的，確實可以減少許多婚姻的問題。不過，婚姻是兩性的事，確實需要夫妻彼此之間同心協力的合作啊。」

一口氣說這麼多話，梅里婆婆覺得口渴了，以誠趕緊將茶遞給她。

是爸爸造成媽媽外遇嗎？

梅里婆婆喝完了茶，沒有停下來與以誠分享，而是將這些年個案心靈輔導的經驗，完整地加以教導。

以誠聽了之後，很擔憂地問道：

「聽起來，媽媽確實沒有被爸爸所珍惜和滿足……所以媽媽會外遇，都是爸爸造成的，對嗎？」

「孩子，你媽媽外遇的原因只有他們彼此可以去明白。但是，當你知道兩性關係裡，女人與男人自我需求是不同的時候，你會有更多的寬容來看待這件事。所以，剛才我提到女性愛的基本需求，你知道為什麼男人不想為這四個需求負責嗎？」

「梅里婆婆，您真的好厲害！這正是我想問的，爸爸是真的不知道女人真正需要的是什麼，還是他哪裡出了問題，所以給不出來呢？」以誠非常想了解，希望能夠對爸爸有所幫助。

梅里婆婆深深吸了一口氣，閉上雙眼，慢慢地說道：

「婚姻裡，**女人面對丈夫外遇的問題是女人有不愛自己的過程**。一個不愛自己的女人，丈夫也會無法完整地愛她。但是，**男人面對妻子外遇，真正的問題卻是——無法滿足妻子的需要**。照理來說，現代夫妻都是因愛而走入婚姻，應該沒有所謂無法滿足需要的這種問題，然而，這卻是很多夫妻不知道的心理狀態。」

「那麼，夫妻之間不斷爭吵的原因，是因為丈夫無法滿足妻子？」

梅里婆婆對以誠的聰慧，感到欣喜，她直截點出：

「沒錯！至於丈夫無法滿足的原因，可以歸納為『四不』：不願意滿足妻子、不了解妻子的需要、沒自信能夠滿足妻子、不相信滿足妻子是對婚姻有幫助的。」

「會有不願意去滿足妻子的丈夫嗎？」以誠不解地問。

「舉一個我的個案來說，」梅里婆婆申論著：「有一對夫妻，妻子非常喜歡到電影院邊吃爆米花邊看電影，丈夫就是不願意陪她進電影院，而寧可租片子回家觀看。對丈夫來說，這沒有很大的差別。這類看似很不起眼的小事，卻是不願意滿足妻子的一件大事。許多夫妻之間的小事，對女人來說，卻是非常重要的事。如果夫妻之間經常為這種小事爭吵，丈夫多半覺得妻子很『機車』，老是計較這樣的鳥事。

當丈夫的內心對妻子累積了很多抱怨，所以故意不去滿足妻子的需要。這樣遲早就會出問題。偏偏丈夫不願意做的事，外遇男人會幫他完成。如果能簡單地滿足女人在意的這些小事，女人真的願意為男人奉獻一輩子哦！」

以誠頻頻點頭，對梅里婆婆的論調，極為認同。

「梅里婆婆，不願意滿足妻子的丈夫，或許是故意不去滿足的；但是如果是不了解妻子的需要，就有可能是無心的啊！」

梅里婆婆笑著說道：

「沒錯，男人天生比較粗心，這不是男人的錯。但是如果女人不喜歡直接說出自己的需要時，男人不可以不聞不問。

我另一個個案也很有趣，婚前因為熱戀，女人很盡情地扮演像母親的角色，一起吃飯時，會讓出雞腿給另一半吃，自己則吃雞胸肉；後來他們結婚了，丈夫以為妻子不愛吃雞腿，每一次都把雞腿給自己，將雞胸肉留給她。結果累積好多類似的例子……他們經常吵架，妻子總不願向他提及這些小事，但是妻子滿腹委屈地向朋友訴說丈夫的自私與不體貼。後來，妻子參加公司聚餐時，主管夾了一支雞腿給她，她的心就徹底認定這個男人才是愛她的。」

「唉唷！把話講開就好啦，這麼拐彎抹角的，真麻煩！」以誠搔搔頭。

「或許你想為這個丈夫喊冤，但是兩性關係裡，這類例子屢見不鮮。男人最常說女人要自己學會說清楚、講明白，而女人總是不輕易直言，要不就是用帶有情緒的方式表達，男人就不想聽了。**兩性關係裡最多的誤解都是因為不了解對方的需要。**」

「俗語常說：『女人心，海底針。』要滿足一個女人，還真不是一件容易的事耶！」

「嘿，你這樣太沒有自信了哦！」梅里婆婆忍不住虧眼前這個大男孩，說道：「其實，要滿足一個女人，是非常很容易的。女人的心雖然複雜，卻總是友善地回應男人的付出。夫妻之間更是如此！當丈夫友善地對待妻子，妻子一定會友善地回應。除非，兩人關係已經到了『冰凍三尺，非一日之寒』的狀況，那麼任何一方想示好，對方都會感到納悶。

確實有男人對於自己能否付出，很沒有信心。比方說，浪漫不一定要花大錢，只要有創意、夠特別，即使很簡單也無妨。問題就在於，男人可能都覺得自己不會有創意，對於自己能否付出愛，顯得沒有信心，所以乾脆就不做浪漫的事了。事實上，所謂浪漫，只是讓對方『有愛的感覺』，這是每一個男人都做得到的。

女人重視夫妻生活的品質，偶爾來個小約會，或一起逛逛街都好。偏偏男人直覺逛街是花錢買東西，既無趣又浪費時間，更何況養家的壓力已經夠重了，沒有自信再去做這些額外的活動，所以省去這些心思，這樣反而讓妻子覺得生活沒有品質可言。

如果有一個男人製造一些特別感覺的活動，即使不花一毛錢，女人都覺得有心最重要。當沒有自信滿足對方的障礙出現時，這段婚姻就走向死亡了。」

以誠聽得入迷，彷彿梅里婆婆的話，已經將他帶入另一個兩性關係的境界。梅里婆婆露出憐惜的神情，繼續說著：

「另外，有些男人不相信滿足妻子是對婚姻有幫助的，還抱持著『男尊女卑』的價值觀，在他們的記憶裡，都是爸爸被媽媽所滿足，因此他們不相信滿足妻子是重要的事，是對婚姻有幫助的，更不相信滿足妻子等於是有利於家庭。這些男人的心中，家庭就是以男人為主。就算他們口頭上說夫妻是互相的，骨子裡卻是在男尊女卑的基礎上互相。

還有另一種不相信，是來自過往傷痛的記憶。我有一個個案，妻子外遇了，丈夫回憶過往每一任前女友，都是對他抱怨沒有被好好珍惜。但是，這個男人想起他非常珍惜初戀女友，對她無微不至地照顧，結果初戀女友還是劈腿愛上別的男人了……從此，他不再相信在關係裡付出是有用的，結果就是每一個女人最後都離他遠去。在他的價值觀裡不相信滿足另一半是有用的，反而喜歡裝作很冷酷的樣子，最終必定是反映出他舊有的傷痛。

男人如果抱著不相信滿足妻子是有用的觀點，將是推開伴侶相愛的主要原因。」

從小到大，沒有人給過以誠如此完整的教導，他突然以極為崇拜的眼神望著梅里婆婆，衷心地為她鼓掌，恨不能表達出他的滿心感謝。

媽媽該如何面對外遇的自己？

以誠看著剛才抄寫的筆記，內心感到幾許釋懷，此刻，他比較能夠面對媽媽的外遇了。

「以誠，」梅里婆婆宛如交付重任的口吻，說道：「接下來，我想要告訴你，你媽媽會需要你的協助與認同。」

「我？」以誠很緊張地問：「我們家會發生什麼事嗎？」

「會發生的不必擔心，」梅里婆婆很肯定地說著：「那是必要的過程。還記得小言遇到你的那天晚上，你一定是與媽媽發生了不愉快，是嗎？」

「那天晚上，我罵了媽媽，說她很糟糕地愛上別的男人了……爸爸摑了我一個耳光……」以誠瞬間回到了當時的情緒，眼眶開始發紅。

梅里婆婆輕拍以誠的肩膀，表示著給予愛與關懷。以誠輕輕地回報一個收到愛的微笑，畫面很美，是人與人之間交流的愛與關懷。

「孩子，」梅里婆婆慈愛地說道：「我要告訴你的，就是關於你媽媽究竟如何看待自己的外遇，你越早知道就越能夠協助她並認同她的過程了。」

「好，我是真的想幫助媽媽……」以誠拿起筆繼續準備做筆記。

「身為媽媽發生外遇，必須先面對自己的內心，並且接受外遇的發生。這是最困難的部分，因為女人天生都懷有很深的道德意識，對自己的外遇充滿罪惡感，因此她必須學會寬恕自己。」

「寬恕自己？該怎麼做呢？」

「先別急，寬恕自我有幾個步驟，我慢慢解釋給你聽。」

【梅里婆婆圖書室】**寬恕自我的步驟**

(1) 承認自己所做的選擇

無論選擇什麼，承認自己外遇就是一種好的面對。願意承認，就是解脫痛苦的開始。

(2) 接受自己所做的選擇

完全接受自己外遇的事實，然後就有力量面對自己和其他人——包括孩子，而且會明白如何不傷害孩子的心理狀態，又能讓孩子在健康的處理過程，沒有陰影，快樂長大。

(3) 無條件地愛自己所做的選擇

非但接受自己外遇一連串的發生，更要愛這個發生外遇的自己，一個女人一生就是要學會如何更珍愛自己，請記住：真正愛自己的過程是沒有傷害的。

(4) 請求心中最大的力量來原諒自己

最後，整個將所有選擇都帶進寬恕，請求自我能夠全然寬恕。

「當媽媽能夠寬恕自己，就不會逃避該如何處理問題了，對嗎？」以誠說道。

「是的，願意寬恕自己，你媽媽就不會逃避去面對孩子和丈夫了。自然也就不會出現不必要的心理活動與情緒。當然，她還是需要再學習，例如，學習如何和丈夫、孩子溝通。

不過，當一個媽媽外遇之後，她選擇的結果不一定是離婚，若只是一時出軌，她內心還是愛著丈夫，她就要學會如何真心地面對丈夫，與丈夫溝通。

當然，多數女人外遇後會選擇離婚，但不見得是繼續和外遇男人在一起，這關係到另一個男人的意願與婚姻狀態的問題。事實上，女人會離婚，真正渴望選擇的是——自由豐盛的未來。」

「自由豐盛？」以誠問道：「這是一種更好生活的形容嗎？」

「是的，比方說，外遇發生了，你媽媽想要自己搬到外面住，擁有屬於自己的空間，這會讓她覺得生命充滿自由與豐盛的可能。所以，你將發現，**女人外遇都是來自一個想要自由豐盛的心。因此，豐盛自由才是女人最重要的選擇，而外遇只是啟發女人勇敢追求渴望的豐盛與自由。**」

以誠不停地點著頭，內心充滿感激，對一個尚未成年的孩子而言，有什麼比真實面對孩子更有誠意呢？

夜晚悄悄地降臨在這座城市，以誠與梅里婆婆預約下一個陽光的午後再見。

第7章

了解妻子外遇之後的爸爸

男人外遇，對女人來說，是個心痛卻必須馬上處理的事；而女人外遇，對男人來說，會是一個非常激烈的過程。因為男人天生對愛的占有是劇烈的，若處理得不當，將上演電影戲劇裡「你死我亡」的衝突情節，其傷害會造成家庭與社會的嚴重負擔。

男人的情緒一來，恐怕連他們自己都克制不了。特別是關於男女之間的背叛情事，男人的醋勁既強烈又具有爆發力。因此，假如妻子外遇或女友劈腿，當女人決定離開，請務必好好面對、安撫男人的情緒，否則極可能釀成教人遺憾的悲劇。

因此，當女人愛上另一個男人時，請記得謹慎處理「結束舊關係」的事，並且提供適當時間，緩衝兩人即將分開的決定。

請理性平和地面對自己

以誠一早沒有被鬧鐘吵醒，反而是媽媽哭紅著眼喚醒了他。

「以誠，媽媽有話要跟你說……」媽媽還沒有開始說，就啜泣了起來。

「媽媽，我也有話要跟您說……」以誠低著頭，帶著歉意地說道：「那天晚上是我不對。媽媽，對不起。」

「誠誠……」媽媽卻搖著頭，哽咽地說道：「媽媽決定不和爸爸在一起了……我先跟你說……你要開始學著照顧自己……我有空還是會回來看你……」媽媽再度哭泣起來。

這些日子以來，以誠與梅里婆婆交心幾次，儘管他的內心已經做好準備，面對這一刻，依然感到悲傷。

「媽媽，我都知道了……您也不好過。您和爸爸談過了嗎？」

「還沒有，我不想繼續這樣下去，我覺得不自由。」

「媽媽，我認識了一位很棒的婆婆，她專門幫助人們的心靈，如果有困難的問題，可以找她諮商。老實說，最近我回到學校正常上課，都是因為梅里婆婆對我的教導。」

媽媽低頭不語，彷彿不太願意繼續和以誠討論自己的事。

「媽媽，」以誠忍住內心的痛，打起精神說道：「這是梅里婆婆的名片，如果您有需要的話……媽媽，我們兩個今天晚上單獨在外面吃飯，好不好？我想和您分享一些事，是關於您和爸爸接下來的事……」

媽媽看著以誠，帶著不可置信的表情，突然之間，發現自己的孩子好像長大了不少。

「好！」媽媽擦擦眼淚，說道：「以誠，你今天下課，我到學校去接你？」

「媽媽，」以誠突然很興奮地看著媽媽：「我今天還要再去找梅里婆婆……如果您有興趣的話，我們一起去，好不好？」

媽媽猶豫著，沒有回答，以誠卻從她的眼神中看到了答案。

「先不要好了……晚上八點，我們直接約在巷口那家咖啡簡餐，好嗎？」顯然媽媽的內心還沒有面對外人的準備。

「好吧。」以誠繼續為媽媽打氣，說著：「不過，媽媽，我希望您相信，我已經長大了，我開始學習去明白大人的情感世界了。」

媽媽摸著以誠的頭，愁苦的臉上擠出一絲微笑，然後出門去上班了。

午後的陽光灑進校園，放學的鐘聲終於響起。以誠迫不及待地直奔梅里婆婆的工作室，去會見他的心靈導師。剛進門，他就被眼前的畫面震了一下。媽媽竟然已經與梅里婆婆促膝交談著。

「以誠，你們彼此都認識……不用我介紹吧！」

梅里婆婆開著玩笑，並起身拿一個茶杯給以誠。

母子兩個相互對望，竟有幾分尷尬。

梅里婆婆很開心地看著這對母子，她首先打破沉默，說道：

「以誠，你媽媽剛到不久，我們大概聊了一下我所知道的，以及這幾天我和你進行的教導，待會我繼續以你媽媽的需要來為你們諮詢，可以嗎？我希望你能夠一起了解媽媽的內心世界，因為你已經到了可以了解兩性關係的年齡了，而且這對孩子來說是更好的方式。」

以誠的媽媽育雯，依然有些不習慣這樣的場合，對於自己要面對孩子，顯得忐忑不安。

「我早上已經告訴誠誠，我決定今天晚上和他爸爸說，我必須先搬出去一個人住了。」育雯的眼眶紅了起來。

「所以，妳決定要離婚嗎？」梅里婆婆問得很直接。

坐在旁邊的以誠沒有任何驚訝與緊張，反而像個懂事的大人。顯然，這段日子裡，梅里婆婆提供以誠正確的心理建設與溝通。

「這幾年，我都在思考這個問題……」育雯沉思許久，終於勇敢地說出：「我在這個婚姻裡真的不快樂。直到……我確定找到了自己渴望的世界，就更加強了這個想法。其實以誠的爸爸沒有不好，但是我和他在一起就是不快樂……」

「育雯啊，妳說對了，孩子的爸爸沒有什麼不好，妳想離婚最大的原因在於：妳在婚姻裡不快樂。我接觸過很多個案，**多數人想離婚都會指責另一半不夠好，他們都在為自己的不快樂找理由**。所以，我說妳很勇敢地說是自己不快樂，這是很好的第一步。」

梅里婆婆對育雯緩緩點頭，然後又問：

「現在，有沒有任何可能是不必離婚呢？」

「沒有任何的可能，我已經確信我要離婚了。因為我想為自己真正地活一次。而且，我的心裡已經……」育雯失聲地說道：「已經愛上別人了……」

以誠的眼淚這個時候也崩潰了，因為從媽媽口中說出來，聽起來格外痛楚。

育雯放聲痛哭，斷斷續續地說著：「誠誠……媽媽……對不起你……」

梅里婆婆請以誠和育雯手牽著手，三個人圍成一小圈，眼睛一起閉上。

「現在，讓我們在心中盡可能地去感受愛。無論愛裡面有多少的痛苦與悲傷，讓這個愛不斷地擴大，深呼吸——不斷地擴大——」

幾分鐘過去了，慢慢地，大家都回到寧靜裡。

梅里婆婆輕輕地開口說道：

「育雯，無論妳的決定是什麼，在妳向對方說出決定之前，必須先面對自己、整理自己的心。意思就是，當妳已經決定要離開了，怎麼面對自己想離開的心，就決定了妳將會如何溝通。請留意，不良的溝通往往造成更大的傷害。很多女人一旦遇到更好的對象時，就會希望趕快結束眼前的婚姻或情感，若是對方完全沒有心理準備時，特別是男人的情緒容易做出具有殺傷力的事。這一點非常重要，因為這是關於男女之間的事。」

「梅里婆婆，我相信爸爸會非常冷靜，但他一定會很難過，他一直都不是擅於表現情緒的人。」以誠希望能夠同時幫助自己的媽媽和爸爸。

「我能了解你說的。」梅里婆婆對以誠點點頭，然後轉過頭很嚴肅地問育雯，說道：「不過，越是不擅於表達情緒的人，越會壓抑自己。育雯，妳知道該如何將自己的決定告訴他？」

育雯含著眼淚，拚命搖頭，她真的想盡快離開這段不快樂的婚姻，卻滿心憂慮該如何處理這個問題。

梅里婆婆說道：

「當妳已經愛上了別人時，請在伴侶尚不知情時，主動面對問題，而不是撐到被察覺妳有外遇時再來處理，否則會非常混亂。

若妳準備離開的人還愛著妳，妳要告訴他的，不是為什麼不愛他，而是誠實告訴他，關於妳內心的不快樂。這是事情的真相。真相是妳愛過他，他以前就是這樣的人，妳愛著他。現在妳不愛他了，是妳的內心有變化了，而不是他變了。

當然也有可能因為某些變故，另一半變成別種性格，對妳有所傷害。這時妳想離開，就必須更小心地溝通關於妳的決定。

所以，重點擺在為自己負起完全的責任。妳的心要很真誠地面對他，不能有批判，沒有批判的溝通就不會造成爭吵，而且會是和平而理智的結束。」

「我覺得好難不批判……」育雯吞吞吐吐地說著：「因為我覺得他不夠好，給我的愛不是我要的……而且，他確實也有一些問題。」

「不帶批判的溝通是兩性關係必要的學習。表達真實的心情與想法，就是對自己全然負責。比方妳可以說：『這幾年我非常不快樂，我知道你也在努力，但是我的痛苦就在於我無法感受到你的努力。我很對不起你，請你原諒我，因為我必須對你坦白，我在這些痛苦與不快樂裡失去了對你的愛。我請求你的原諒，我失去了對你的愛，我必須離開。我請求你支持我，讓我們有更新的態度來面對彼此的關係。我希望你了解，我沒有任何想傷害你的意思，但我需要你的幫助。我們真的不能在一起了。因為我需要開始一個人面對自己真正的問題了。』

這，就是沒有批判的真誠溝通。兩個人朝著這個方向溝通，就會有共識了。」

「梅里婆婆，」育雯已經哭得不能自已了：「您說的都是我內心的真實感受……我很感激您，您確實幫助了我。」

以誠抱著媽媽，輕輕拍著媽媽的背，此時此刻母子的心已經完全連結。以誠感受到媽媽的真實心情後，完全理解也諒解了媽媽。連梅里婆婆都因眼前的畫面而感動得滴下眼淚。**生命裡沒有解決不了的困難，只有不想面對的困難。**

幫助爸爸走出痛苦的過程

當他們三個人的眼淚交匯出一份明白，事情就可以繼續往下處理。

梅里婆婆以豐富的專業背景提醒著：

「很多人以為溝通一次就代表沒有問題了，然而，事情還會有後續發展。」

「我知道，」以誠搶著回答：「是關於爸爸的情緒……」以誠彷彿想讓媽媽看見他近來的成長。

「是啊！以誠，人的情緒會反覆出現，情緒問題是兩性關係最難處理的過程。除非這個痛苦得到完全的療癒。

當妳向對方表示想結束關係時，對方的情緒會開始處於敏感狀態，很可能會疑東疑西，或突然失控地抱怨，甚至出現威脅行為。因此，**妳不能以逃避的方式立即離開，特別是還沒有正式辦理分開手續以前。**

男人的心其實很脆弱，尤其當他愛著一個不愛他的人，會異常痛苦。所以，真正的陪伴就是培養出新關係的關鍵，女人要持續關心他，陪他走出這個痛苦的過程。」

「梅里婆婆，我知道他會很痛苦，事實上我也不好熬，看他這樣，我的心會更痛……我不知道一個人的痛苦已經夠大、夠多了，另一個人要如何幫他承擔與消除？」育雯內心充滿著糾結的痛苦。

「是的，每個人光是應付自己的苦就夠多了，無法再承擔別人的了。但是，儘管我們無法承擔，卻能陪伴他經驗療癒自己的過程。所有的痛苦都是可以被療癒與經驗的。請試試這份『釋放與療癒痛苦的步驟』。」梅里婆婆從圖書室裡取出一份資料，交給育雯。**註①**

「這個『釋放與療癒痛苦的步驟』，我也可以用嗎？」育雯將重點記錄下來。

「任何痛苦療癒，都可以透過像我這樣的心靈輔導工作者，或各種管道的幫忙。但是，如果開始學習自我療癒，也會是很棒的過程。」

「我還需要注意什麼嗎？」

「有，要保護好自己。女人的情感出軌，會引發男人許多狀況。所以，要陪伴男人在這樣的過程一起學習與成長。要更有耐心，就像陪伴一位好朋友的心態就對了。友誼是人與人之間最美的橋梁，做不成夫妻，至少要學會當朋友。」

勇敢面對離與合

以誠看了手錶上的時間，內心掛念著一件事——他已經幫助媽媽來梅里婆婆這裡，卻還沒有幫助到爸爸。他趕快說道：

「梅里婆婆，我現在非常擔心我爸爸……我已經從最不能接受的狀況裡走出來了，而他卻還不知道即將發生的事。所以，除了媽媽今晚要和他談的事之外，接下來，要怎麼幫助他，爸爸會願意來這裡接受個案諮商嗎？我實在沒有把握！」

「誠誠，這就是我對你爸爸不能接受的原因之一。他是一個很固執又不願意改變的人，他絕對不會來這裡的。在他的觀念裡，認為談這些心靈問題是很不切實際的東西，以前我上心靈成長課程時，他就說只有我這樣的傻瓜才會給人賺走錢。」育雯對丈夫仍然存有很多的批判。

「我了解……」梅里婆婆說道：「男性特質確實不擅於接受新事物，不過，這不代表他們不需要被幫助。他可能暫時不願意來我這裡，但是不要忘記，你們也可以是幫助他的管道啊！」

以誠和媽媽對望一眼，想著該如何幫助爸爸走出痛苦。

梅里婆婆繼續解釋：

「女人在兩性關係裡扮演非常重要的角色。當一個男人有外遇，女人要幫他學習面對與處理，女人需要療癒自己，然後回到愛自己的學習之旅。但是，當女人自己外遇了，卻還是要幫助男人理智地面對這些發生。怎麼都是女人在主動進行這些事呢？因為**女人天生的力量就是帶領男人成長**。所以女人如果失去內心成長的意願，男人就不再相信她所做的任何選擇與決定，於是爭吵與攻擊不斷傷害到他們之間的關係。這是兩性關係中很重要的認知：女人要當兩性關係的帶路者。就算女人帶領的路是終究要離婚，但是最後帶領出的關係品質會是一個重新的開始。」

「所以，我要負責以誠爸的情緒問題？」

「妳不是要負責一個男人的情緒問題，而是這樣會同時消除兩個人心中的傷痛，對家庭來說，也是一個正確的處理方式。」

育雯向梅里婆婆點頭，表示願意自己面對這一切。

「總之，事實發生了，大家都要勇敢面對與負責。以誠可以繼續來我這裡了解如何幫助爸爸走出來。還有一個重點，你們溝通的結果是要對家庭有幫助的。這個溝通是關於夫妻兩個人繼續在一起或是分開的真心面對時刻。請參考這份『夫妻溝通重點』，這些看似簡單的溝通，都必須在情緒穩定的狀態下才能進行順利的喔。」

【梅里婆婆圖書室】

夫妻溝通重點（女人外遇篇）

(1) 詢問彼此希望有什麼樣的結果？請專注地傾聽彼此。請丈夫同時在心中面對自己真實的情感與想法。

(2) 平心靜氣地討論接下來的結果，是重回婚姻或選擇離婚？

(3) 讓丈夫清楚地知道這件事的發生，不是他不好，也不是婚姻失敗，而是為了讓彼此有更好的開始。

(4) 若確定要重回婚姻、共同生活，妻子請丈夫協助陪伴，並請求寬恕，同時要繼續相信妻子的愛。

成為真男人——找回愛與豐盛的能量

以誠似乎猜到最後的結果了，他心中卻有另一個問題。

「媽媽，您要和那個叔叔在一起，是嗎？」

「誠誠，」育雯皺著眉頭，搖搖頭，說道：「媽媽會對你很誠實，但是我不知道你聽了會不會更不舒服……」

育雯又嘆了一口氣，繼續說道：

「其實，那個叔叔已經結婚也有孩子了。我們還有更多事要面對……我現在只選擇做我自己，我這一輩子最大的希望就是為自己真心地活一次。儘管我渴望擁有愛，但是，我並不想破壞別人的家庭，很多事是一言難盡的！」

梅里婆婆握著育雯的手，像是對待親生女兒般疼愛，說道：

「育雯，很多女人都把外遇與選擇離婚，當成是一件事來看待。這其實是兩個問題：一個是遇見真心相愛的人，他是否可以現在放棄一段婚姻和妳在一起；另一個問題是妳原來的關係要繼續或和平地結束呢？當一個女人分清楚了，處理這兩件事情時，就不會混亂了。當妳沒有釐清自己的問題，這兩件事就會彼此干擾。」

梅里婆婆望著沉默的育雯，繼續補充：

「比方說，妳選擇離婚是因為你們夫妻已經深談過，所以妳確定了要單身的方向。萬一妳的外遇對象沒有選擇勇敢地與妳在一起時，妳才不會感到很犧牲、很孤獨，覺得自己是因為他才選擇離婚的，因為妳知道是為了自己真心渴望的選擇，而不是因為任何人。

而未來，當妳離婚後，妳的前夫可能會有新的伴侶，妳也能寬心地接受。這就是為自己的選擇負責。

若夫妻深談後，妻子發現自己還愛著丈夫，只是不小心出軌了，那就要請求彼此的寬恕與包容。就像電影《搶救愛情四十天》的夫妻，丈夫因為還愛著妻子，決心要搶救婚姻，最後結果就是再度擁有甜美的幸福。」

育雯默默地點頭，內心似乎有了更多的答案。

以誠貼心地抱住媽媽，因為他知道媽媽愛得好辛苦，卻又很勇敢地做自己。

梅里婆婆轉身從抽屜裡拿出了一本兩性關係的雜誌，交給以誠，說道：

「我在這裡面寫了一篇〈給老婆外遇的男人一封信〉，這是關於女人外遇後，男人面對這件事時，要以全新觀點來看見這個發生。雖然媽媽外遇了，卻不代表爸爸是失敗的，而是爸爸有機會讓自己活出真正的自己，並學會讓自己有愛與豐盛的能量，所以之後的人生將繼續相信愛，也一定能再度迎接愛與被愛的可能。另外，這本雜誌後面還有一些求救管道與諮詢團體，對爸爸可能會有幫助的。」註②

以誠與媽媽都非常感激梅里婆婆的愛與協助。

---

① 關於「釋放與療癒痛苦的步驟」，請參看本書〇六〇頁。

② 關於「求救管道與協助團體資訊」，請參看本書二〇二頁。

【梅里婆婆圖書室】給老婆外遇的男人一封信

親愛的男人：

走了好長的一段路，辛苦你了。

人生有很多的挫折，不是為了要打擊你而發生的，許多挫折都是完美的發生。為了啟發你有能力面對一切，為了要讓你更有力量的完美發生。

過去的婚姻，你們確實有很多需要再學習與再面對的部分，不要錯過這個時刻。雖然你會因此而升起許多的痛苦與憤怒，這些情緒你必須學會更勇敢地轉化，並且療癒和釋放它們。如此，男性能量一定能夠更加擴展。

你心愛的女人也許因為外遇而使你非常痛苦。但你必須開始用全新的觀點來看待女人的外遇了，這樣你才會有新的方向與轉機。

如果她想要離開，只是想離開你們過去不好的關係，離開你們很多方面的不夠契合，離開她對你的期望一直有落差的等待，而另一個人也許剛好符合這些需要。絕對不是因為你不夠好，這世界沒有完美的男人與女人，也不是外面的男人更好。是命運會帶著每一個人，找到更適合自己的伴侶。

【梅里婆婆圖書室】給老婆外遇的男人一封信

生命很短暫，在愛與婚姻裡受苦的人更是多，往往不走到分離時刻，很難有機會自省愛與關係的品質。

你也一樣會再出現適合的伴侶，不必有陰影地放眼未來，只要讓自己有意願打開許多沒有活出來的能量。你在生活的活力與自信，你在性愛的魅力與活躍，你在工作的成功與成就，你在經濟上的穩定與富足，還有，你在生命最高品質的學習與成長，那就是學習愛與被愛的過程。

如果她只是不小心出軌了，並沒有要離開你，而你也依然愛著她，這代表彼此開始更加了解、更相愛、更珍惜這份關係了。如此，你們將給子女更好的示範與表現，畢竟孩子在這些過程總是承擔你們更多的痛苦。要繼續為自己與孩子，活出一個希望的未來。

願上蒼都能給予你，
一個重新體驗愛的機會，並給予更多更巨大的全新力量！

梅里婆婆

第8章

關於離婚的事——我們該怎麼做？

時間不停地向前邁進，許多關係都經歷著考驗。

梅里婆婆很理性地拿出一份資料給育雯，說道：

「育雯，也許妳會用得到它，也或許用不到，但是都有必要了解。這是關於離婚協議辦理的細項事宜，不要忽略這個嚴謹的過程。

每一對夫妻都要一起面對面去正視離不離婚的可能性，離婚是比結婚更需要仔細思考與負責的過程。離婚協議絕不可在有情緒的當下草率決定。

如果確定了離婚對雙方是更好的結果，並且雙方都合議了一些安排之後，才能共同簽定『協議離婚』。以及，千萬不要為了爭奪單獨的監護扶養權而對簿公堂，盡可能地彼此溝通，協調得宜，更要退讓地為對方設想，這才是對孩子最好的監護扶養品質。」

「是的，這確實是我現在想進一步了解的內容，因為我不想傷害任何人，選擇離

開是因我而起的，我就該負起責任。謝謝您！梅里婆婆。」註①

如何降低對孩子的傷害？

梅里婆婆看看時鐘，擔心育雯急著回去，說道：

「育雯，請妳再多留一會，我還有更重要的事要告訴妳，這是關於孩子的部分。」

「好的，孩子是我最關心的問題。老實說，以誠長大很多，我知道外遇的事讓他心裡很不舒服，我很在乎他的感受……我不想讓他覺得我要丟下他。我還真不知道要如何不讓他受影響。」

「媽媽，我長大了，我還……應付得來。」儘管以誠的眼神帶有些許不安與恐懼，卻試圖要安慰媽媽。

梅里婆婆卻說：

「我希望你們知道，如果外遇像是一把傷害家庭的利刃，那麼，絕對別讓孩子被這把利刃再次刺傷。當媽媽有外遇之後，孩子的情緒是最敏感、最脆弱的，他們的恐懼不是一般大人所能體會的。特別是當前社會對女人外遇的歧見，造成諸多輿論與批判，於是有太多的家庭讓孩子活在不知所措裡，形成他們日後對生命與關係的不良態度與觀點。妳能想見這些孩子是怎麼走過這些過程的嗎？

當爸爸媽媽決定離婚後，他們是如何被告知的？又是如何適應心中的恐懼與傷心呢？因此，當爸爸媽媽有外遇之後，千萬不能讓孩子以為離婚代表要失去爸爸媽媽的愛，這個時候，父母該如何處理，以及如何讓孩子知道這個決定，都需要謹慎才行，請記得孩子已經在承擔父母的決定了。」

「梅里婆婆……」以誠對自己目前的狀態漸漸有了信心，問道：「有這麼嚴重嗎？我都已經這麼大了，而且透過您幫我做心理建設與輔導，應該不會有什麼陰影吧？」

「是啊，」梅里婆婆對以誠的表現感到欣慰，繼續說道：「孩子，你現在的年齡比一般孩子大，而且有了完整的心理準備，也許你不會感到非常難受，但是你剛得知媽媽有外遇時，內心是不是很痛苦呢？」

以誠回想整件事的發生，這一路走來，他已經有了蛻變。誠如梅里婆婆所考量的，這對身為孩子的角色來說，確實是人生很大的考驗呢！

梅里婆婆將豐富的個案經驗與他們分享：

【梅里婆婆圖書室】外遇家庭中孩子的陰影

(1) 怕孤單

因為孩子突然知道媽媽與爸爸分開，他們失去媽媽了，必須學會面對媽媽不在家的感覺，這是很大的衝擊。當孩子的年紀還小，尚未獨立時，會特別害怕一個人的時候，這很容易產生陰影。例如，他們會一直打電話對媽媽哭訴、在學校的行為變得退縮。

(2) 暴力

因為媽媽外遇而與爸爸離婚，其他家人都對孩子説媽媽的不好，無形中，孩子內心充滿著恨，這個恨會引發暴力。孩子之間的霸凌問題，幾乎與單親家庭的孩子有關，其中又以媽媽外遇的居多。

(3) 說謊

若沒有對孩子充分説明與溝通，孩子將因媽媽外遇而感到羞愧。這種羞愧來自媽媽自身有罪惡感沒有療癒，孩子會因為不希望公開自己羞愧的事，開始變得不誠實。然而，羞愧是來自爸爸媽媽對孩子的溝通不夠，所形成的效應。

(4) 自我放棄

孩子的內心一直被媽媽外遇，以及爸爸媽媽離婚的陰影所籠罩，他會自覺被遺棄，甚至自覺不夠好，才造成爸爸媽媽離婚。這種陰影會讓他時常想放棄正在努力的事，或總覺得任何事都沒有意義，這是自我放棄的心理狀態。

「在我的經驗裡，媽媽外遇後的孩子，容易產生陰影。這些就是所謂的陰影創傷，孩子無法突然適應爸爸媽媽離異的發生。因為在沒有充分溝通的情形之下，他們的安全感就被拿走了。有的孩子還是透過爺爺奶奶、阿公阿嬤的隔代轉述，因此，你能想像若是有婆媳問題的家庭，奶奶會如何告訴孩子說媽媽去哪裡了？聽到最多的恐怕就是：『你媽媽不要你了，跟別的男人跑啦！』或者『你看，她都不來看你、不來接你了！』諸如此類帶有攻擊性的敘述，對孩子來說，是多麼可怕的過程。這是必須被導正的一件大事。

再也沒有任何事，比終止我們傳遞受苦的模式給孩子來得更重要了。

請務必記住：降低傷害的最好方式，就是爸爸媽媽一起面對面與孩子溝通，絕對不能缺少任何一方，這是非常非常重要的一刻。」

「媽媽，請您放心，我不會這樣。」以誠希望能透過自己的勇敢，傳達給媽媽更多的能量，他體貼地對媽媽說道：「因為我知道你們的辛苦，因為您都告訴了我，我喜歡大人坦白與誠實。謝謝你們給我最好的示範。」

「誠誠，是媽媽很幸運地擁有你這麼棒的兒子！」

育雯的眼眶裡滿是淚水，彷彿訴說著自己的內疚。

人類的內疚感一直莫名得深，然而，這也是每一個人都要學習如何寬恕自己、原諒自己曾經的所做所為。當我們懂得寬恕自我，很多事情就會變得更輕易解決與處理了。

以誠和育雯對梅里婆婆表達著無限的感謝，世界上總是有如此溫暖的人在我們身邊，適時地提供我們最好的協助與關懷，我們所要學會的就是發出求救信號，並且信任生命總是給予我們最友善的回應。

該如何讓孩子知道離婚的定局？

當爸爸媽媽從相愛到結婚，又從婚姻裡各種不協調的狀態，走到了爭吵與冷漠之後，於是外遇發生了。然後經過一連串痛苦的掙扎，走到最後，兩個人共同決定給彼此自由，離婚會成為另一個全新的開始。

然而，若爸爸媽媽沒有與孩子溝通清楚，那麼，離婚對孩子而言，將是一個非常大的打擊。

孩子在不同年齡的心智發展有所不同，爸爸媽媽要說明離婚的方式，當然也會有所不同。無論如何，請記得一個重點：向孩子說出爸爸媽媽離婚的決定時，說了什麼是其次的，最重要的是用什麼樣的情緒說，這對孩子的影響才是最大的。

【梅里婆婆圖書室】告知孩子離婚的溝通重點

- 在心平氣和的狀態下進行溝通。
- 爸爸媽媽必須同時在場，一起與孩子面對面。
- 告訴孩子整個決定，是因為爸爸媽媽希望未來更好，而不是有誰會更不好。
- 讓孩子知道，爸爸媽媽對孩子的愛不會改變。
- 承諾孩子在生活品質上不會變化很大，但離婚後，有些事是不變的、有些事是需要調整的，以及需要學習適應爸爸媽媽不住在一起的事宜。
- 再次承諾對孩子的愛與關心一定不會變。
- 清楚地讓孩子知道，離婚絕對和孩子無關，並不是因為他不好所造成的。
- 分開後不是讓孩子會失去某一方，而是還能繼續同時擁有爸爸媽媽的愛。
- 未來會如何居住，並詢問孩子的感受與其他想法。
- 討論未來重要節慶時，孩子選擇希望怎麼度過。
- 同時讓孩子知道你們以後可能會有各自的伴侶，對孩子來說，將是得到更多的愛。
- 再次強調分開之後，會更愛孩子，並且保證履行該有的承諾。
- 比過去更多的時間陪伴孩子。
- 協助孩子告訴學校老師或保母。

※其餘重點亦可參考《兒福聯盟手冊》。

【梅里婆婆圖書室】與不同年齡孩子的溝通方式

(1) 幼兒期

指六歲之前。這個階段的孩子，只能對他說為什麼爸爸媽媽要離婚、要分開住的故事。例如：原本我們在一起是很開心的，後來不知道為什麼就不開心了。現在媽媽已經有了一個更讓她開心的人，爸爸也覺得分開是比較好的，所以我們決定離婚不住在一起了。但是，我們都還是很愛你的。這就好像你以前很喜歡玩一部小車車，而現在卻沒有那麼喜歡這部小車車一樣。

(2) 兒童期

指六至十二歲。這個階段的孩子已經相當清楚爸爸媽媽在一起的生活品質了，就能對他說：以前我們常吵架，大家都很不開心，爸爸因此覺得很煩，而媽媽也覺得很煩。爸爸媽媽現在不想再吵下去了，所以決定離婚了。而且媽媽現在有了新的男朋友，爸爸媽媽覺得現在是分開的最好時機。我們都還是很愛你的。

(3) 青少年期

指十二至十八歲。這個階段是最敏感的成長過程，要讓孩子知道媽媽的外遇是來自雙方一直存在一些問題，而且過去兩個人都沒有用心處理這些問題，導致媽媽有了新的男朋友，爸爸也覺得該是好好面對問題、好好處理的時候了。所以爸爸媽媽決定離婚。但是完全不影響我們對孩子的愛。

(4) 成年期

指十八歲之後。你可將孩子視為朋友了，所以，你可以更清楚地解釋這個發生與決定。這不意謂著你要說媽媽不負責任之類的語氣。而是要讓他開始明白，你們彼此都在學習一個很重要的課題。

陪伴孩子一起在愛中成長

當前，全球的離婚率節節上升，造成夫妻離異的原因很多，因為現代人自我觀念越來越強烈，離婚將是許多家庭正在經驗的過程。無論是否因為某一方有外遇，夫妻都要一起與孩子在這個階段，再一次學習「關係中的愛」。

每個人不是一出生就完全懂得愛人與被愛，這是經過一連串好事與壞事的發生之後，每個人才願意面對自己、面對問題。奇妙的是當面對的勇氣出現，就自然會學習到關係裡的愛是怎麼回事了。

親子專家非常建議爸爸媽媽多與孩子近距離分享自己的心情與感受，這樣的表達會幫助孩子與自己，透過分享而抒發情感，了解彼此的真實感受。

在這個階段裡，陪孩子閱讀相關書籍，也是很重要的學習。

【梅里婆婆圖書室】**協助孩子的書籍**

《恐龍離婚記：面對父母離婚的最佳指南》（遠流）
《我有兩個家》（艾閣萌全美）
《兒童故事治療》（張老師文化）
《兩個爹地兩個媽媽》（福地）
《爸媽，請一起陪我長大——離婚家庭兒童的故事》（心理）
《孩子不是你的錯》（生命潛能）
《寫信到天堂》（心樵文化）
《父母心子女情》（幼獅文化）
《父母不敢問孩子不會說》（幼獅文化）
《我們仍是一家人》（新視野）
《內在小孩：在荷歐波諾波諾中遇見真正的自己》（方智）
《為什麼我有兩個家？》（活泉）
《永遠愛你，小寶貝》（華一）
《時光電影院》（大塊文化）

外遇之後，爺爺奶奶、外公外婆也一起成長了

星期六早晨，梅里婆婆開心地進行著女性能量的體操，江爺爺則在旁邊做著自己喜愛的氣功，兩個人無意間隨著肢體的運轉而四目相對，感覺到他們的愛從未離開，那不屬於年輕的熱烈狂愛，而是一種需要長期培養的情感品質。

電鈴聲突然打斷了這片寧靜，是以誠突然跑來找梅里婆婆。

「梅里婆婆，」以誠語調慌亂地說著：「不好意思，我有很急的事……」

梅里婆婆試著緩和他的焦急，說道：

「來來，快進來坐，我很關心你爸爸媽媽現在的情況。」

「那天晚上回去之後，爸爸媽媽他們談得很和平，爸爸令我很感動，他說只要媽媽開心，他自己可以照顧好這個家。雖然我感受得到爸爸內心的難受，但他盡量不讓我們擔心他。可是後來，這件事讓我爺爺奶奶知道了，他們衝到家裡來罵媽媽……」

以誠又開始急躁了起來。

梅里婆婆點著頭，表示著這是正常的情況，她說道：

「我曾經說過，這個社會還無法接受女人外遇這件事。然而，最大的問題不在於女人外遇，而是你媽媽以前就不討爺爺奶奶的喜歡吧？」

「對，媽媽從以前就一直很不喜歡奶奶……經常為了奶奶說了什麼而和爸爸吵架……」

「關係的品質才是主要原因。更何況現在爺爺奶奶都知道媽媽的事了嗎？」

「對，爸爸沒有隱瞞，很誠實地告訴了他們，所以爺爺奶奶非常生氣！還對媽媽說離開後就不准再進門之類的話。這下可好了，我該怎麼辦呢？」

「以誠，其實爺爺奶奶就像是大孩子啊！他們也會因為突然發生的事而恐慌、擔心，甚至害怕恐懼。他們擔心你和爸爸的未來，他們也會害怕以後的事，所以他們現在的情緒都只是暫時的，不要被他們影響了你對這件事的新觀點。」

「那媽媽現在可以做什麼呢？我也可以幫什麼忙嗎？」

「從他們雙方談清楚之後，尚未簽協議離婚之前，就必須先討論好要如何一起面對，並一起共同說明。最好同時約雙方家長，也就是爺爺奶奶與外公外婆。那個感覺就像當初一起談婚事一樣，而現在換成是很和平理智地討論離婚事宜。當然，如果情況控制不當變成了是兩家爭吵，就很麻煩。所以重點要擺在『尋求雙方家長的支持』，身為父母都希望孩子無論多大了都要幸福美滿，現在問題發生了，請求支持並接受子女這個決定。」

梅里婆婆倒杯茶給以誠，待以誠稍微平復下來後，才繼續說道：

「不過，這個節骨眼會自然浮現出之前關係的問題，例如：有婆媳問題的，婆婆這時會說出很不好聽的話，就請你媽媽多忍讓。但同時也必須在這些問題裡，去看見長期下來所隱藏的婆媳問題，或許正是導致這段婚姻離異的相關原因。

有些家庭反而在離婚之後，關係變得比較好。總之，身為爺爺奶奶與外公外婆，同樣必須在外遇事件中學習到新的關係，例如：當自己的孩子離婚時，他們也會難過、自責，甚至產生很大的煩惱，擔心孩子從此不再幸福。其實，這就是所有父母都要學習將擔憂卸下的部分，然後去相信每個人都在學習著讓自己的生命變得更好，離婚也是另一種渴望更好的決定。試著信任孩子所做的決定，從中協助孩子與他們爸爸媽媽的正向連結。

爺爺奶奶和外公外婆要在孫子面前，永遠對孫子的爸爸媽媽離婚表示正面態度，不可以偏袒任何一方，因為無論他們說誰對誰錯，特別對孫子而言，都會是一種傷害。例如：當奶奶會對孫子說：『你媽媽在外面亂搞男女關係』或『你媽媽不要這個家了』之類的言語，都會是很可怕的傷害。所以，爺爺奶奶與外公外婆在孩子離婚的過程，也必須一起學習與成長。」

「好，我懂了！」聽完梅里婆婆的分析，以誠冷靜了下來，說道：「奶奶很疼我，我想我知道該怎麼幫助她，她同樣身為女人，應該清楚女人在婚姻裡會出現哪些問題。謝謝梅里婆婆，您一下子就安撫了我的恐慌。」

「你是個特別的孩子，」梅里婆婆稱許地說：「你很有智慧啊！」

江爺爺慢慢地走了下來，看到以誠之後，三個人都會心地笑了起來。

生命裡充滿著無限可能，我們不必擔憂，因為需要面對的是我們內心的問題，每一個人其實都需要愛的尊重，外遇與離婚都是引導夫妻更進一步了解愛與尊重在家庭裡的重要性，讓彼此都在這個過程中更成熟與圓滿。

---

① 關於「離婚協議書事項」，請參看本書一九九頁。

—附錄—

外遇的心靈解答題

問：為什麼會發生外遇？是業力還是因果前世？有沒有對外遇有更新的詮釋？

答：如同自然界的颱風與颶風一樣，在它們形成之前就已經有諸多氣流與壓力的推動，於是演變成自然現象的壓力釋放，目的是要回到自然的平衡裡，雖然人類會因為颱風與颶風的侵襲而有損傷，但這是自然的平衡法則，更高旨意的循環定律。

在兩性關係與婚姻裡的颱風與颶風，就是外遇與劈腿。外遇不是一個偶發事件，它是一個更高旨意的事件發生，最大目的是為了要啟發過程中的每一個人有機會反省與蛻變。要跳脫外遇與劈腿的對錯與道德問題，否則會使人類更加痛苦與心碎，甚至在恨與痛之間流轉一生，而錯失了這個啟發點，以及造就更大幸福的平衡點。

業力的追究並不能解決真正內心的問題，前世因果也不可得知。但是，我們卻可以因為明白這些發生的更高意義，而在內心升起了轉化的意願，人生才能有力量再創造幸福。

問：如果不離婚、不分手，要如何回到相愛，而繼續維持更好的關係品質？

答：用感恩的心替代寬恕與原諒吧！很多書籍與課程都教導寬恕的重要，例如，要寬恕對方所發生的外遇，與寬恕自己的不夠好等等。事實上，沒有一個人需要被寬恕或是去寬恕別人，這意謂著有人是錯誤的、有人是對的，只要有對錯就無法有力量的啟發與轉化個人。但是若能跳脫對與錯的二元論來看待事情，相信生命不是要讓你受苦受害，而是一個關係上的重整，你將會看到轉化的契機正在發生，並開始感恩這個兩性關係裡的風暴了。

當你感恩時，就具備實現下一步幸福的能量，回到相愛裡。感恩是夫妻之間最美的頻率。彼此用感恩的心來看待外遇與劈腿，外遇者不再自責內疚，而是感恩這個過程；受害者也不再有受害心理，這樣回到相愛的頻率就是一件輕易的事了。

問：當妻子決定繼續回到家庭，要如何不讓先生心中有外遇的陰影與芥蒂？何時可以開始性愛的關係？

答：美國研究兩性關係的報告指出：男人外遇，女人通常在乎的是男人有沒有愛上對方，這是心理上的在乎；但是女人外遇，男人會在意外遇對象的性愛技巧有沒有比他更好，這是屬於生理上的在乎。

所以，不難發現，男人確實會在意女人身體上的出軌。這個療癒的過程，女人愛的力量是療癒彼此的關鍵。女人要重新創造與丈夫性愛的品質，丈夫也必須有適當回應。只要不離婚，彼此都更要學習分享內心的感受、彼此支持，一起療癒丈夫對性愛的陰影與芥蒂。當然很多關於夫妻的諮商團體也可以一起進行學習，但還是要回到彼此接受與感恩的情感裡，才能有相愛的機會發生。

問：因受擔心無法維持親子間的信任，能否不對孩子說是外遇嗎？

答：何妨問問自己，如果是你的父母外遇了，而他們因此分開了，你會不會希望他們對你誠實與坦白呢？通常我們所希望的，卻不願意給我們的孩子，這是為什麼呢？我們總是有一堆說法，覺得這是為了孩子更好，但事實上卻不利於孩子的發展與成長。

每一個孩子最信任的永遠是父母，除非你對他們做了很多不值得信任的事。

孩子在家庭裡不但是天使，更是老師、大師。他們更有能力看到愛的真諦，他們還沒有被社會所影響，擁有真實的敏感與智慧；你越是對他們真實坦白，他們越有力量面對你、面對真實人生。而非看到父母不建康的思想與行為模式，影響了他們對人生的思想與行為模式。

問：外遇女人一定要尋求公婆的原諒嗎？

答：面對外遇的女人，很多人心中確實會有自己的觀感，但這不是一個外遇女人要去在乎的，因為發生了什麼過程，這些人根本不清楚，你怎能將心思擺在外面的眼睛呢？公婆不諒解絕對不是因為外遇才開始的，更可能是你們過去關係就不夠和諧，才會在發生外遇後整個爆發出來。與其尋求原諒，不如重新建立和諧的關係。

重新建立和諧關係的最大可能，就是只要時間久了，誰都會接納你的改變，這是不變的真理。當你主動付出愛與關懷，即便他們剛開始態度不配合，也要平常心看待。那是因為以前你也丟了很多刺在他們身上，他們現在也要一根一根慢慢拔。

若是他們永遠都不接受你，你自己會因為這些轉變而接受你自己，這才是最重要的！

問：外遇的人會有報應嗎？

答：報應是因果的業力循環說法。外遇的人心中如果沒有這個循環機制，很可能不會產生報應也不一定。很多社會名人或有成就的人不也有外遇嗎？我們不探討報應會不會發生，而是著重於發生外遇後，是否每一個人都能面對與處理，因此而更幸福、更有力量。在靈性的教導裡，業力的發生是一種經驗上的平衡機制，不稱為報應，而是一種帶來生命平衡的發生。看法與觀點的不同，力量隨即不同。你可以自行選擇。

問：離婚的人真的可以幸福嗎？

答：除非你已經完全知道自己在兩性關係的問題在哪裡，並且開始蛻變自己。否則，通常離婚之後，都會有原來婚姻的問題。這也就是生命的循環總是要帶領人們學會根本的問題。如果男人本來在婚姻裡一直有溝通的問題，就算他再換一個妻子，日子久了，還是會出現相同的問題；如果女人一直有不被愛的情緒問題，就算換一個非常愛她的男人，依然還是會有感覺不被愛的問題出現。兩性關係的根本問題，都是關係著自己的問題，而非對方的問題。從自己開始學習成長蛻變，才是轉化命運的開始。

問：離婚後如何與前夫當朋友或家人？

答：如果你們有孩子，與前夫當朋友或家人是一件非常重要的事。因為只要關係和諧，就算離婚了，很多事會很自然地和諧進行。例如，從假日與節慶的安排到孩子成長，有許多需要溝通商討的事宜，都對孩子本身有益，讓孩子依然有完整被愛的感受，這就是因為還有家人或朋友的關係。

這需要時間經營與培養。無論你的社會身分是什麼，當你因外遇而離婚時，你還是有立場去關心你的前夫／前妻，與他連結並不會帶來困擾。他可能暫時無法接受你，因為一定是來自你外遇初期的處理不當，但是人與人之間的關係就是如此微妙，你們需要有機會敞開心深入溝通。

請對前夫／前妻表達你的感恩，你非常需要感恩他，有一天，這個關係將有很大的不同。

因為你們之間有孩子成為友誼的橋梁。為孩子的努力永遠值得。如此孩子才不會有離婚之後的陰影。

問：若離婚了，還能創造幸福嗎？如何讓一個不幸福的關係變成兩個幸福家庭？

答：不離婚會有幸福，如果協議離婚了，還是會有幸福。這端視你們是否願意創造幸福，無論離不離婚都要有讓一切更好的意願。一對怨偶卻成就了另外的新幸福家庭，是因為了解自己曾經在婚姻裡的問題，並勇敢地自我負責與成長，而不是因為外遇的背叛或是外遇的內疚。這些沒有幫助的心理活動太多，將毀滅任何幸福的可能。

因此，離婚之後，更要為自己負起全然的責任，感恩著這個生命最高旨意的發生，並且將感恩的心傳遞給之前的另一半，如此的能量將會再創造彼此更美好的發展。

願天下所有外遇或是離婚的男人與女人，都能因為負責而更感恩的繼續著幸福的人生！

—附錄—

相關書籍與電影

以女性為主題的外遇電影

《熟男型不型》（Crazy Stupid Love）

《時時刻刻》（The Hours）

《麥迪遜之橋》（The Bridges of Madison Country）

《花園裡的螢火蟲》（Fireflies in the Garden）

《瘋狂的心》（Crazy Heart）

以男性為主題的外遇電影

《陪你到最後》（Stricken）

《女人至上》（The Women）

《瘋狂的心》（Crazy Heart）

《玩火》（Derailed）

婚姻法律類書籍

《婚姻變奏曲：外遇》（書泉）

《離婚自保三部曲》（書泉）

《後離婚的家庭》（韋伯出版）

療癒類書籍

《親愛的，你可以再愛一次》（太雅）

《走出外遇風暴：如何重建信任與親密》（心靈工坊）

《外遇：可寬恕的罪》（遠流）

《教我如何原諒你》（心靈工坊）

《內在孩子：在荷歐波諾波諾中遇見真正的自己》（方智）

《活出全新的自己——喚醒、療癒與創造》（方智）

《靈魂深處的力量》（蘭臺）

兩性關係類書籍

《男女大不同・火星男人與金星女人的戀愛講義》（生命潛能）

【附錄】

離婚協議書事項

一、協議離婚書是法律文件，一般來說，離婚協議書至少該約定以下事項：

(1)當事人姓名。

(2)表明兩願離婚的意思。

(3)未成年子女監護權歸屬，與未擔任監護之一方會面交往方式。若是雙方共同監護扶養，子女的居住方式與會面方式的載明。（包括節慶相處的安排與分配都先行確定，以免日後爭議。）

(4)未成年子女扶養費用負擔與支付方式。

(5)贍養費與支付方式。

(6)離婚後財產分配與處理。

(7)兩人以上證人之姓名與簽名、身分證資料、地址、電話。

(8)管轄法院。

二、確立雙方共識後，下一步就是一起向雙方父母說明兩人的離婚決定，並尋求雙方父母體諒，以最正確的態度來面對你們的分開。

三、盡可能在離婚後雙方與家人都能做回朋友，如此，未來在孩子的部分會較容易且愉快。最重要的還是雙方該如何一起讓孩子知道他們離婚的決定。

離婚協議的輔助說明：

○孩子的監護權官司，是由法官認為跟誰最符合孩子的最大利益裁定，如何讓法官認為你最好，就是你要努力以赴的目標。

○若不請律師見證的話，就當事人及見證人簽名蓋章。簽名後，雙方本人（見證人可不必陪同）到戶政事務所辦完離婚登記才算完成手續，否則法律上雙方還是夫妻。若一定要請律師，可向法律基金會求助。但通常沒有其必要性，也可直接到法院公證處辦理（比律師便宜），同樣要到戶政事務所登記。

○離婚協議書可從網路下載，或到戶政事務所拿取，還要另外拿一份離婚登記申請書填寫。

○要兩位滿二十歲以上之見證人，也可以到法院公證處辦理。（不一定需要律師見證，律師見證費從兩千至一萬兩千元不等。）

○注意！如果僅一位代表兩人簽名作證，或一人以其他兩人身分證簽名蓋章，或證人並未真正詢問過夫妻雙方當事人的離婚意願時，即證人是無效的。這不但有偽造文書罪，即使雙方已辦妥離婚程序，仍可以到法院訴請離婚無效。另外，請不要隨意尋找在報章雜誌上刊登的「包離婚」服務，這類證人最容易發生問題。

○依戶籍法規定離婚為登記制，雙方必須在簽妥離婚協議書，攜帶身分證、戶口名簿等資料，一起在戶籍所在地之戶政事務所辦理離婚登記，登記完成後，離婚才生效；若沒有完成登記的程序，就不算是完成離婚手續。

○辦理程序：夫妻雙方填妥離婚協議書，在協議書內容擬定後，將離婚協議書影印五份（雙方各留一份，兩位見證人各留一份，另一份交給戶政事務所存檔）。在雙方簽名之後，需請兩位見證人見證，並於離婚協議書上見證人欄上簽名，每份離婚協議書都要親筆簽名不可以影印，而後再至戶政機關辦理離婚登記，始能生效。

○若離婚後，其中一方不履行離婚協議書的內容，另一方可依離婚協議書，向法院請求法官要求對方履行，例如，不定時給付子女生活教養費用、不依約定讓相對人探視子女等等。

○法條依據：民法第一〇四九條（兩願離婚）。民法第一〇五〇條（離婚之要式性）。

附錄

求救管道與協助團體資訊

當你需要處理外在的法律問題，或是想尋求內在痛苦的援助，在網路搜尋裡有非常多商業機構與身心靈中心的相關服務與課程，但往往收費不一，且品質無法確定。特別是徵信機構的收費都很高。請務必慎選！因此建議下列政府機關立案與相關輔助協會，他們都能提供就近服務與諮詢建議。

北台灣

中華民國婚姻危機處理協會　電話：0800-728588

內政部、兒童福利聯盟基金會離婚協議商談　信箱：goodbye@cwlf.org.tw

社團法人台灣婦女展業協會　電話：02-26206117　信箱：btwomen@gmail.com

財團法人台北市任兆璋修女林美智老師教育基金會　電話：02-27780703

財團法人台北市賽珍珠基金會　電話：02-25048088　信箱：psbf.tt@msa.hinet.net

台北市諮商心理師公會　電話：02-23890188

台北市西區（大同）單親家庭服務中心　電話：02-25580170

台北市東區（松山）單親家庭服務中心　電話：02-27685256

台北市松德婦女服務中心（信義、南港）　電話：02-27599176

台北市大安婦女服務中心（大安）　電話：02-27007885

台北市北投婦女服務中心（北投、士林）　電話：02-28961918

台北市內湖婦女服務中心（內湖、南港）　電話：02-26349952

台北市文山婦女暨家庭服務中心（文山）　電話：02-29359595

台北市大直婦女暨家庭服務中心（中山、士林）　電話：02-25321213

台北市萬華婦女暨家庭服務中心（萬華、中正）　電話：02-23030105

台北市原住民家庭暨婦女服務中心　電話：02-25878669；02-25682292

台北市新移民婦女暨家庭服務中心　電話：02-25580133；02-25580119（外語諮詢）

一葉蘭喪偶家庭成長協會（中正）　電話：02-23118572

基隆市單親家庭服務中心　電話：02-24364538　信箱：kl@ccf.org.tw

新北市馨和單親家庭服務中心　電話：02-89115527　信箱：singleparent@goodshepherd.org.tw

新北市馨樂單親家庭服務中心　電話：02-29119611　信箱：singleparentbc@goodshepherd.org.tw

新北市馨圓單親家庭服務中心　電話：02-26846332

新北市原住民家庭暨婦女服務中心　電話：02-82218686

新北市新住民家庭服務中心　電話：02-89858509

桃園縣單親家庭服務中心（北區）電話：03-3636591 信箱：singleparent@twdc.org.tw

桃園縣單親家庭服務中心（南區）電話：0800-078585

中台灣

台中市向晴家庭福利服務中心 電話：04-22022210

財團法人任兆璋修女林美智老師教育基金會台中學習中心 電話：04-23109533

社團法人中華好家庭關懷協會 電話：04-24822531

苗栗縣單親家庭福利服務中心 電話：037-550672

南投縣單親家庭服務中心 電話：049-2919232 信箱：caeip.sl@caeip.org.tw

彰化縣單親家庭福利服務中心 電話：04-7262885 信箱：ch.single@hotmail.com

南台灣

雲林縣婦女福利服務中心 電話：0255342781

雲林縣男性單親家庭服務站 電話：05-5351950

雲林縣斗六單親家庭服務站 電話：05-5372676

雲林縣西螺單親家庭服務站 電話：05-5861052

雲林縣虎尾單親家庭服務站　電話：05-6364450
雲林縣斗南單親家庭服務站　電話：05-5970408
雲林縣北港單親家庭服務站　電話：05-7822890
嘉義市單親家庭個管中心　電話：05-2258203　信箱：chiayi@goodshepherd.org.tw
嘉義縣單親家庭服務處　電話：05-3623686
台南市單親家庭福利服務中心　電話：06-2976837（女性）；06-2976838（男性）
高雄市單親家庭服務中心　電話：07-2362805　信箱：harmony0@ms66.hinet.net
屏東縣單親家庭福利服務中心　電話：08-7386955

東台灣

宜蘭縣築親家庭福利服務中心　電話：03-9313115
台東縣單親家庭服務中心　電話：089-346732　信箱：tt_singleparent@ymail.com
花蓮縣單親家庭福利服務中心　電話：03-8227171#255　信箱：charleen@nt.hl.gov.tw

離島地區

澎湖縣單親家庭服務中心　電話：06-9268680　信箱：peacepenghu@msa.hinet.net

國家圖書館出版品預行編目資料

親愛的，我們還要不要一起走下去？／王慶玲著－二版.－
臺北市：商周出版：英屬蓋曼群島商家庭傳媒股份有限公司
城邦分公司發行，2021.12 面；公分
ISBN 978-626-318-079-6（平裝）
1.外遇 2.婚姻 3.家庭輔導 4.通俗作品

544.382 110018941

Open Mind 20

親愛的，我們還要不要一起走下去？【好評改版】

作　　者／王慶玲
企畫選書／蔣豐雯
特約編輯／吳佩霜
責任編輯／賴曉玲

版　　權／黃淑敏、吳亭儀
行銷業務／周佑潔、黃崇華、華華
總 編 輯／徐藍萍
總 經 理／彭之琬
事業群總經理／黃淑貞
發 行 人／何飛鵬
法律顧問／元禾法律事務所　王子文律師
出　　版／商周出版
臺北市中山區民生東路二段141號9樓
電話：(02) 2500-7008　傳真：(02) 2500-7759
Blog：http://bwp25007008.pixnet.net/blog
E-mail：bwp.service@cite.com.tw
發　　行／英屬蓋曼群島商家庭傳媒股份有限公司城邦分公司
臺北市中山區民生東路二段141號2樓
劃撥帳號／19833503　戶名：英屬蓋曼群島商家庭傳媒股份有限公司城邦分公司
訂購服務／書虫股份有限公司客服專線：(02)2500-7718；2500-7719
服務時間：週一至週五上午09:30-12:00；下午13:30-17:00
24小時傳真專線：(02)2500-1990；2500-1991
劃撥帳號：19863813　戶名：書虫股份有限公司
E-mail：service@readingclub.com.tw
香港發行所／城邦(香港)出版集團有限公司
香港 灣仔 駱克道193號東超商業中心1樓
電話：(852) 2508 6231　傳真：(852) 2578 9337
馬新發行所／城邦(馬新)出版集團 Cité (M) Sdn. Bhd.
41, Jalan Radin Anum, Bandar Baru Sri Petaling,
57000 Kuala Lumpur, Malaysia
電話：(603) 9057-8822　傳真：(603) 9057-6622

封面設計／傑尹視覺設計
內頁排版／劉靜薏
印　　刷／卡樂彩色製版印刷有限公司
總 經 銷／聯合發行股份有限公司　電話：(02)2917-8022　傳真：(02)2911-0053

■2012年1月7日初版
■2021年12月2日二版
定價280元

Printed in Taiwan

ISBN 978-626-318-079-6

城邦讀書花園
www.cite.com.tw